U0036079

營建博士教你

活用陽宅風水

營建工程博士

侯威銘◎著

序

一切有為法
如夢幻泡影
如露亦如電
應作如是觀

感謝草湖玉尊宮、大里慶雲宮、南鯤鯓代天府、三寮灣東隆宮、淡水真元天壇、埔里寶湖宮、艋舺龍山寺、大龍峒保安宮、新店佛濟寺、下崙福安宮、仙山協靈宮、下寮順寮宮真慶宮等仙佛菩薩、照見五蘊皆空，度一切苦厄。感謝范揚青、王俐文在文書處理的幫忙，感謝大哥大嫂及所有的親朋好友，從小到今的疼愛，生活上的照顧及精神上的鼓勵，特別是May及元惟。

最後僅以此書，獻給最敬愛的父親侯丁華先生及泉下的慈母 侯吳錦女士，感謝他（她）們五十載的誨育。

第一章
風水基礎知識

一　風水堪輿

1、「風水」指的是一種學問理論，而「堪輿」指的是一種量測技巧。

2、古代「風水堪輿」指的是看陰宅的「墓相」，又稱為「青烏術」、「青囊術」。

3、現代「風水堪輿」包含了「陰宅」之「墓相」及「陽宅」之「家相」。

二　風水之名詞之來源

1、最早見於「史記」之「日者列傳」。

2、晉朝，郭璞在「葬經」中敘述：「葬者乘生氣也。氣乘風則散，界水則止。古人聚之使之不散，行之使之有止，故謂之風水。藏風聚氣，得水為止。」

一－三　風水之學問

1、大地工程學　2、環境工程學　3、物理學
4、心理學　5、人體工程學　6、玄學
7、結構工程學　8、材料科學　9、生活科學

一－四　陽宅、陰宅之定義

1、陽宅：活人陽界的住宅
2、陰宅：祖先陰界的墳墓

一—五　影響人一生榮枯「命運」之元素

1、先天因素：⑴八字，⑵陰宅

2、後天因素：⑴陽宅，⑵姓名

◆命運組成元素表

項目	屬性	影響範圍	修補方法	影響程度
八字	先天	一個人的基本命運決定一生的榮枯，顯示於手、面、骨、體相。	行善修德，各類法術修補。	50%
陰宅	先天	影響後代子孫之興衰。	擇吉地、修墓、各類術法補足。	20%
陽宅	後天	影響當下的命運。	擇吉屋、遷移、修改化煞，強化居家氣運。	20%
姓名	後天	影響個人的行運。	依八字命名或改運，但以戶籍登記為準。	10%

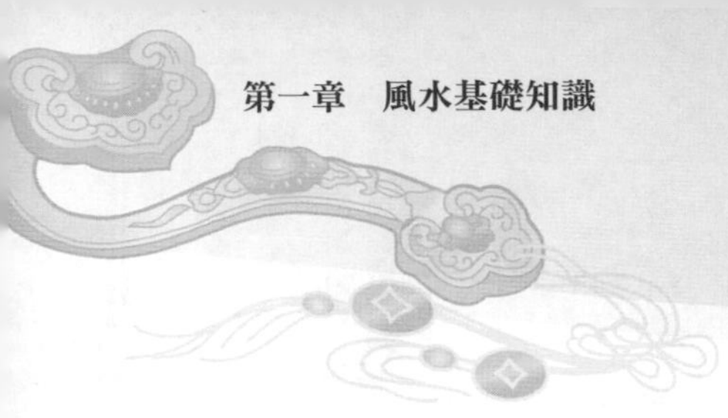

◎命運可以增減，但不可能變更，一個人的命運出生時就已註定。

◎命運可透過先天、後天的修補，但本質是不變的。

◎命運決定了大方向，但可透過行善修德，努力不懈，命理風水之輔助達到加分之效果。

第二章

河圖、洛書、天干、地支、五行、八卦

二一 河圖

伏羲時龍馬負圖，出於河中，謂之河圖。

陰陽相抱，陽白陰黑。

陽生於正北，長於正東，盛以正南，極於正西。

陰生於正南，長於正西，盛以正北，極於正東。

一、六屬水，二、七屬火，三、八屬木，四、九屬金，五、十屬土。

二二 洛書

大禹治水，神龜獻書，出於洛水，故謂之洛

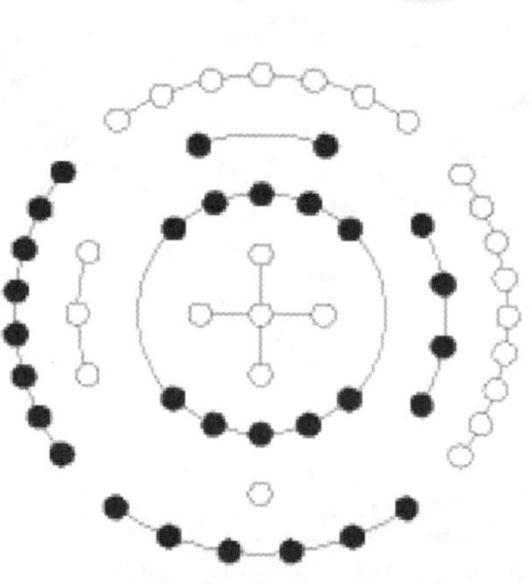

河圖

洛書

書。

其背列，載九履一、左三右七、二四為肩、六八為足，而陽居四正，陰居四陽，文王因之以畫八卦。

二－三　五行

2-3-1　五行名稱

1、木：東方，青龍方，綠色，青龍

2、金：西方，白虎方，白色，白虎

3、火：南方，朱雀方，紅色，鳳凰

4、水：北方，玄武方，黑色，龍龜

5、土：中央，勾陳方，黃色，滕蛇

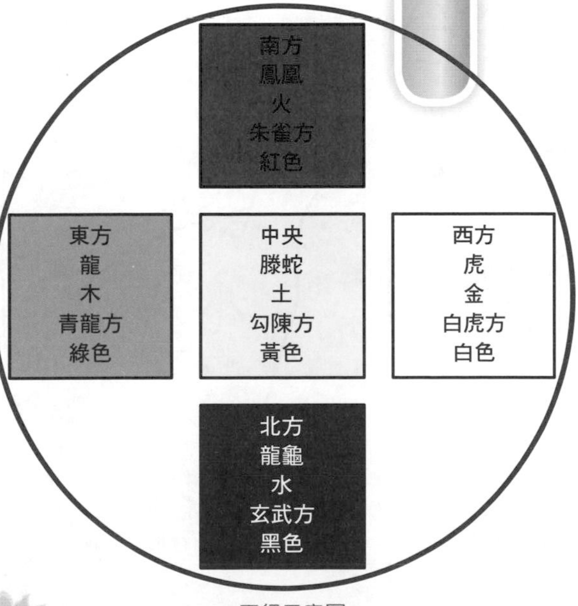

南方
鳳凰
火
朱雀方
紅色

東方
龍
木
青龍方
綠色

中央
滕蛇
土
勾陳方
黃色

西方
虎
金
白虎方
白色

北方
龍龜
水
玄武方
黑色

五行示意圖

2-3-2 五行相生

1、金生水
2、水生木
3、木生火
4、火生土
5、土生金

2-3-3 五行相剋

1、金剋木
2、水剋火
3、木剋土
4、火剋金
5、土剋水

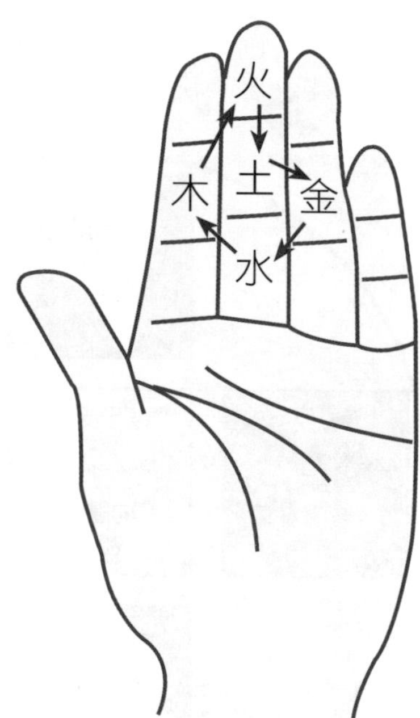

五行相生掌圖

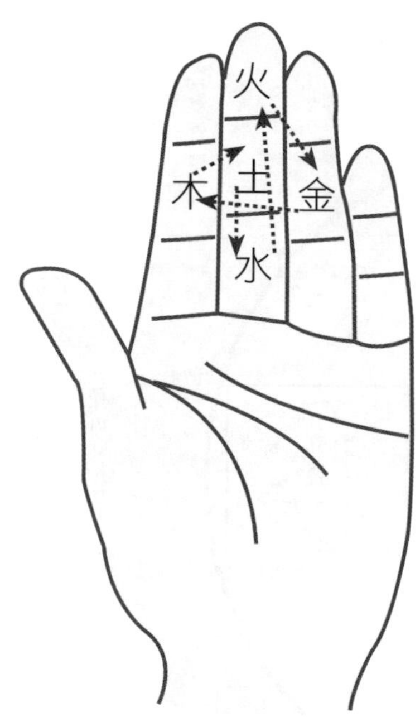

五行相剋掌圖

2-3-4 郭璞葬經中之五行

1、郭璞葬經之五行與傳統五行不同。

(1)葬者左為青龍

(2)前為朱雀

(3)後為玄武

(4)右為白虎

二—四　天干、地支

2-4-1　天干、地支之由來

軒轅之時大撓之所制也，始作甲乙以名日謂之干；作子丑以名月稱之支。有事於天則用日；有事於地則用月，因陰陽之別固有干支名。

天干、地支由河圖推衍而得，天之中數五，地之中屬六，天數始於一，地數始於二，合二者始以定剛柔。

2-4-2　天干

天干：甲、乙、丙、丁、戊、己、庚、辛、壬、癸。

陽：甲、丙、戊、庚、壬。

陰：乙、丁、己、辛、癸。

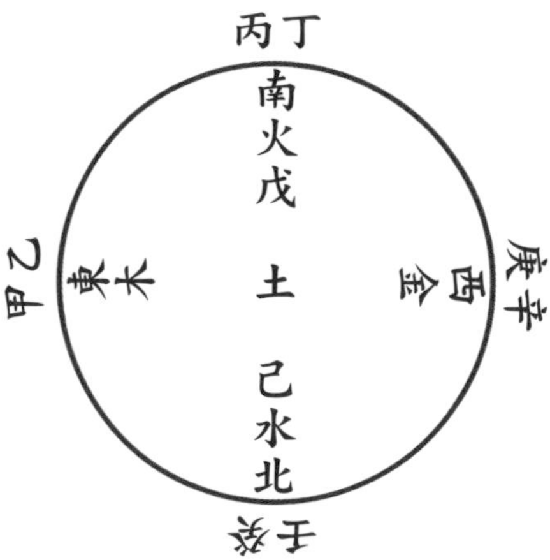

丙丁
南火戊
甲乙　東木　土　西金　庚辛
己水北
壬癸

天干與五行及方位圖關係

甲、乙屬木為東方。

丙、丁屬火為南方。

戊、己屬土為中央。

庚、辛屬金為西方。

壬、癸屬水為北方。

2-4-3 地支

地支：子、丑、寅、卯、辰、巳、午、未、申

四旺：子、午、卯、酉。

四生：寅、申、巳、亥。

四墓：辰、戌、丑、未。

陽：子、寅、辰、午、申、戌。

地支與五行及方位之關係

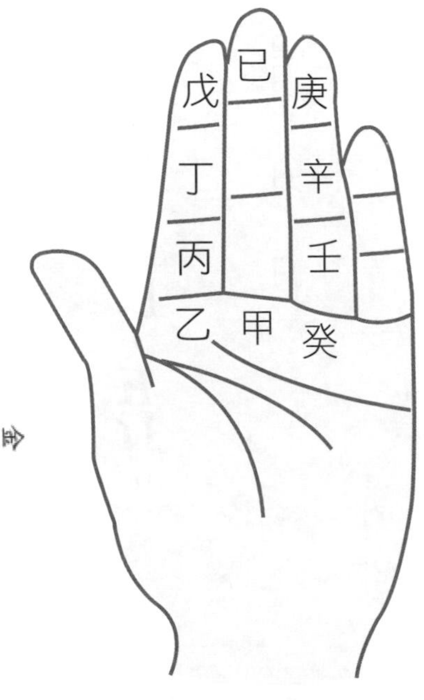

天干掌圖

陰：丑、卯、巳、未、酉、亥。

寅、卯屬木，為春，東方。

巳、午屬火，為夏，南方。

申、酉屬金，為秋，西方。

亥、子屬水，為冬，北方。

辰、戌、丑、未，屬土，為四季，四維。

地支掌圖

2-4-4 十二月令配十二月卦生肖，時辰，五行

1、地支配月令（十二月建）

子月＝11月，丑月＝12月，寅月＝01月，卯月＝02月

辰月＝03月，巳月＝04月，午月＝05月，未月＝06月

申月＝07月，酉月＝08月，戌月＝09月，亥月＝10月

2、地支配生肖

子＝鼠，丑＝牛，寅＝虎，卯＝兔

辰＝龍，巳＝蛇，午＝馬，未＝羊

申＝猴，酉＝雞，戌＝犬，亥＝豬

3、地支配時辰

子＝23－01，丑＝01－03，寅＝03－05，卯＝05－07

辰＝07－09，巳＝09－11，午＝11－13，未＝13－15

申＝15－17，酉＝17－19，戌＝19－21，亥＝21－23

4、地支配五行

（1）寅、卯＝木

（2）巳、午＝火

（3）申、酉＝金

（4）亥、子＝水

（5）辰、戌、丑、未＝土

5、月令配五行

（1）10月、11月＝水

（2）01月、02月＝木

（3）04月、05月＝火

（4）07月、08月＝金

（5）03月、06月、09月、12月＝土

6、月令配生肖、地支、五行、時辰表

四月 （火） （蛇）-巳 9-11	五月 （火） （馬）-午 11-13	六月 （土） （羊）-未 13-15	七月 （金） （猴）-申 15-17
三月 （土） （龍）-辰 7-9	十二月令配十二月 卦生肖、時辰、五行		八月 （金） （雞）-酉 17-19
二月 （木） （兔）-卯 5-7			九月 （土） （狗）-戌 19-21
正月 （木） （虎）-寅 3-5	十二月 （土） （牛）-丑 1-3	十一月 （水） （鼠）-子 23-1	十月 （水） （豬）-亥 21-23

2-4-5 萬年掌訣

1、年次換歲次

2、歲次換年次

※年次換算歲次法：

（1）找到年次起算點（3、13、23、33、43、53、63、73）

由年次起算點順時針算到年次取得地支數。

地支：13/73-子、03/63-丑、寅、卯、53-辰、巳、

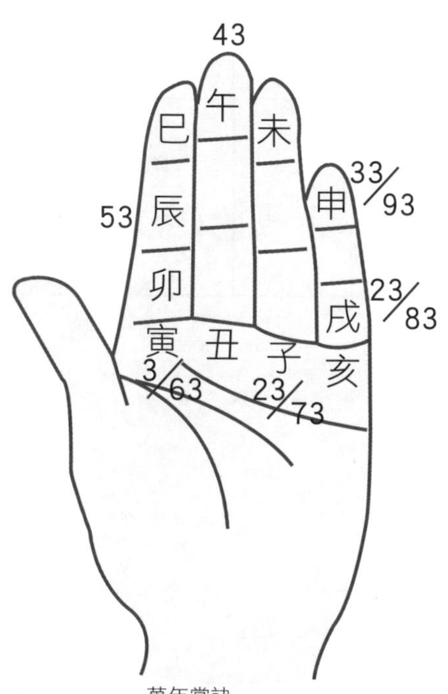

萬年掌訣

午、未、申、酉、戌、亥。

43-　33/93-　23/83-

（2）由地支數逆時針算到年次起算點取得天干數。

天干：甲、乙、丙、丁、戊、己、庚、辛、壬、癸。

例：51年次↓壬寅（虎）。

※歲次換算年次法：

（1）找到歲次地支數，逆時針算到地支數取得年次起算點

（3、	13、	23、	33、	43、	53、	63、	73、	83）
寅	子	戌	申	午	辰	寅	子	戌

（2）由年次起算點順時針算到地支數取得年次數。

例：壬寅（虎）↓51年次。

二—五　八卦

2—5—1　八卦基本取象

1、乾卦象

乾卦象之取象：

古時以太陽代表天，天圖原以圓周長來表示，其表數為三，按象就稱乾為天，按記號稱為乾三連，按性質稱為乾健也。

2、坤卦象

坤卦象之取象：

古時用方形代表地，其數為二至三倍表示地之廣大，其數為六，按象就稱坤為地。

3、艮卦象

艮卦象之取象：

古時用山的形狀創造出艮的符號，艮形像碗蓋之，同時也代表山之象徵，故覆碗形狀，名為山，稱艮為山。

4、兌卦象

兌卦象之取象：

古時模仿水池的形狀，而創造出了兌上缺的符號，兌上缺是記號字，所以取象名為澤。

5、震卦象

震卦象之取象：

古時候，以震代表了容器，所以，創造了符號震仰盂的記號，同時也代表「雷」因此取象名為雷。

6、巽卦象

巽卦象之取象：

古時候仿繩索被風吹斷之形狀而創造出「巽」的符號，巽下斷，這個符號也是記號為風之意。

7、坎卦象

坎卦象之取象：

古時候仿水流的形狀，而創造出坎的符號，「坎中滿」而同時坎中滿之取象為水。

8、離卦象

離卦象之取象：

古時候模仿物體被火燃燒之後，中間空洞，而創出離的符號為「離中虛」。同時離中虛也記號為火。卦名離，光亮之象徵。

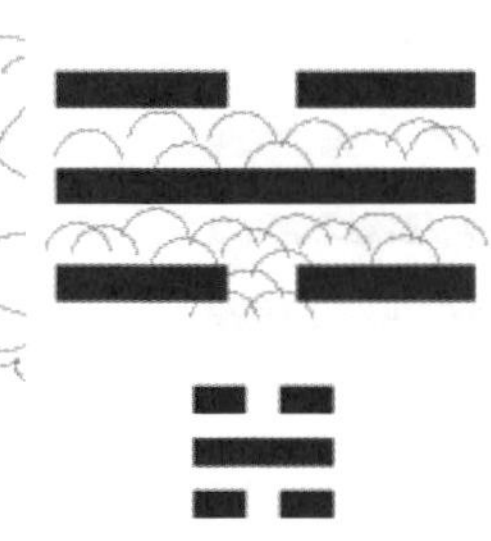

2-5-2 八卦之演繹

無極生太極，分而為兩儀，衍而四象，推而八卦。

無極

太極

兩儀　陰儀　陽儀

四象　太陰　少陰　少陽　太陽

八卦　坤　坎　巽　震　離　兌　乾

八卦演繹圖

2-5-3 伏羲先天八卦（先天為體）

伏羲先天八卦圖

2-5-4 文王後天八卦（後天為用）

文王後天八卦圖

2-5-5　後天八卦九宮掌圖

宅經云：

1、一白坎、水、正北。

2、二坤黑、土、西南。

3、三碧震、木、正東。

4、四巽綠、木、東南。

5、五黃中、土、中央。

6、六白乾、金、西北。

7、七兌赤、金、正西。

8、八白艮、土、東北。

9、九紫離、火、正南。

質子曰：九宮八卦，門戶內外，故東青龍、西白虎、南朱雀、北玄武，四方之正位始定焉。

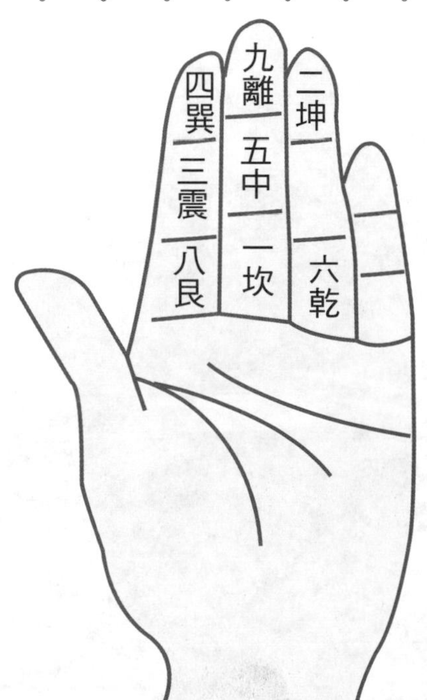

後天八卦九宮掌圖

第三章

風水之方位

三—一 後天八卦之方位

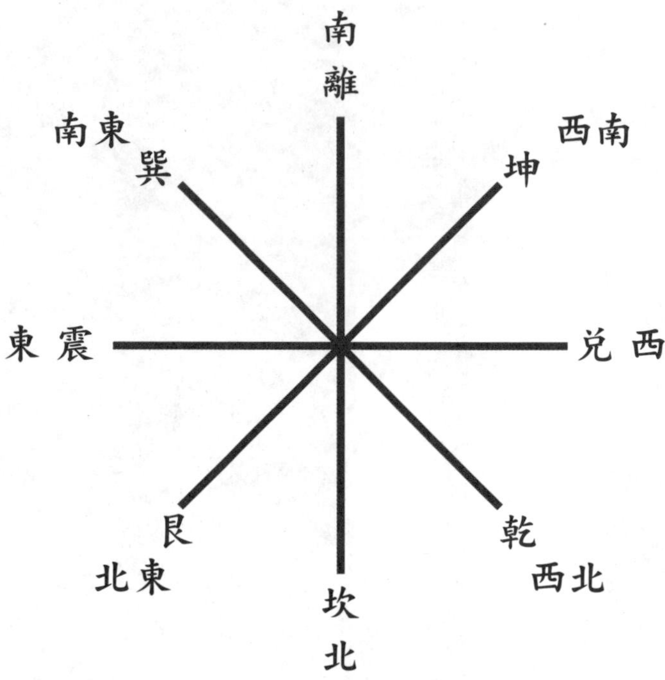

後天八卦之方位圖

三—二　二十四山

1、融合天干、地支、八卦形成二十四山。

2、以一圓周360°分成二十四山，每一山15°。

3、一卦管三山。

（1）坎卦：壬、子、癸

（2）離卦：丙、午、丁

（3）兌卦：庚、酉、辛

（4）震卦：甲、卯、乙

（5）乾卦：戌、乾、亥

（6）坤卦：未、坤、申

（7）艮卦：丑、艮、寅

（8）巽卦：辰、巽、巳

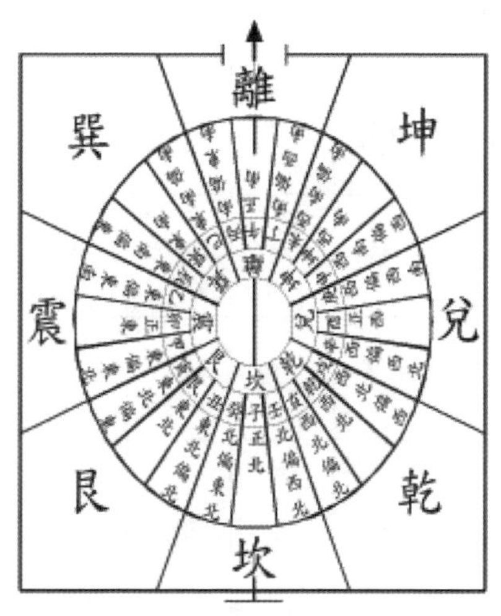

二十四山方位圖

三—三　八卦基本取象及原理

次序	1	2	3	4	5	6	7	8
卦名	坎	坤	震	巽	乾	兌	艮	離
天象	水	地	雷	風	天	澤	山	火
卦文	☵	☷	☳	☴	☰	☱	☶	☲
口訣	坎中滿	坤六斷	震仰盂	巽下斷	乾三連	兌上缺	艮覆碗	離中虛
方位	正北	西南	正東	東南	西北	正西	東北	正南
五行	水	土	木	木	金	金	土	火
人倫	中男	母	長男	長女	父	少女	少男	中女
五官四肢	耳	腹	足	股	頭	口	手	目
臟腑	腎	腸胃	肝	膽	腦	肺	筋絡	心

第四章

羅經綜合盤

四—一 羅經（羅盤）之由來

1、軒轅皇帝征戰蚩尤，迷失方向，後天降玄女，授予帝針法，打敗蚩尤。

2、周文王將帝針法，改制成指南針，此為最原始之羅盤。

3、羅：包羅萬象；經：經緯天地。

四—二 羅經之基本構造

1、電木底座

2、十字線（天心十道）

3、內盤（金屬圓盤）

4、水準器

四—三　羅經盤式（翰輝羅經）

1、第一層天池（又名：天地線、指南針、金針）

（1）磁針：地球由北極至南極形成強大磁力線，磁針指向必向南北。

（2）指南針：為區分南北，故於向南的一端用針尖表示，北方則用圓圈表示。

（3）因指南針之形成而有東、西、南、北，四大方位再細分為八卦，更細分為二十四方位，即為羅經的基本結構。

2、羅經依天池之基本結構為主軸，視各人傳承與心得，將所有訣竅與吉凶判斷刻於各層面上，以此相互傳承。故羅經盤式製造，依各派門不一，多者三十餘層。

3、第二層先天八卦爻

（1）先天八卦由伏羲所作

（2）法以太極生兩儀，兩儀生四象，四象生八卦。

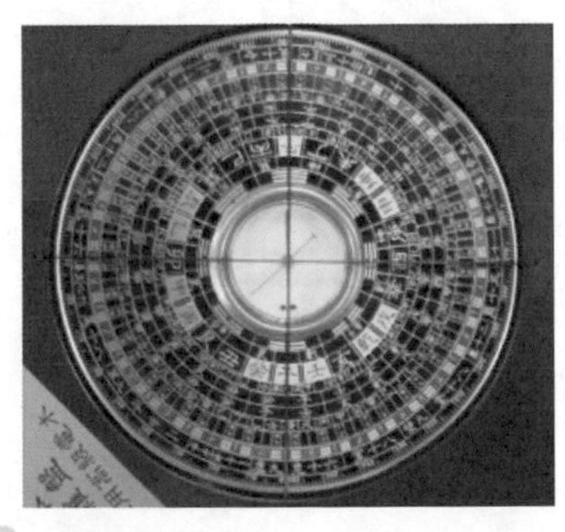

4、第四層地盤正針二十四山陰陽盤

（1）依納甲分陰陽，紅色為陽，黑色為陰。

（2）地盤正針用來座山立向。

（3）所謂正針者，乃磁針指子午，以此磁針所指子午為正式之二十四山方位，稱之。

（4）正針子午線乃現今之磁力子午線，以北極磁場為主，乃北半球所使用之正針為主。地盤，其針稱正針。

5、第六層人盤中針

（1）人盤之子午在地盤壬子，丙午之中，故此針稱為中針，此中針子午為式之二十四山方位稱為人盤。

（2）地球兩極之磁場，並未在地球之兩端，其磁場之位置偏於地軸兩端7°左右，但地球

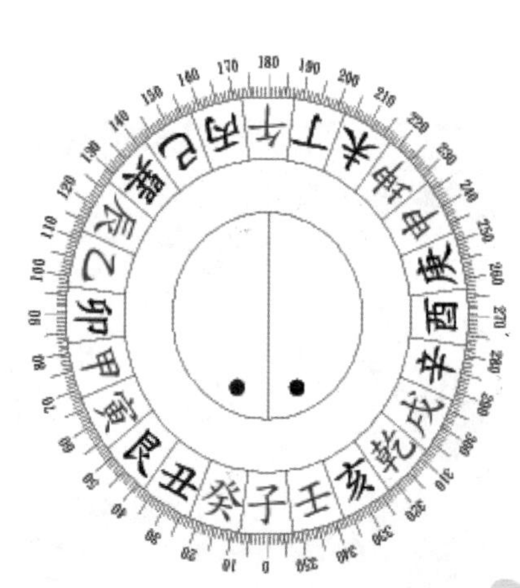

地盤正針二十四山陰陽盤

二十四山方位圖

之南北，乃以地軸為主，故以此定子午線，謂之地理子午線，故人盤中針所示之子午，實為地球真正南北。

（3）中針為消砂之用，山性屬陰，永恆靜止於地球上，故以地球真正南北為用，而以中針人盤之二十四方位，收其山巒，定其陰陽五行。

6、第七層天盤縫針

（1）天盤，其子午在地盤子癸，午丁之縫，其針稱為縫針，以此縫針子午為式之二十四山方位稱之為天盤。

（2）天盤不以地磁子午線及地理子午線為主，而以天球之子午線為準繩。因天盤所示之子午線延伸之，與北極星相接即天球之子午線。

（3）縫針天盤為納水之用，水性屬陽，川流不息，循環不止，水動之初，氣已先動，故以天盤二十四方位，定其陰陽生剋，而收之納之。

7、第十二層圓周360°

（1）以子午正線為0°與180°

（2）每一卦為45°

（3）每卦管三山，故每山為15°。
（4）利用度數與方位可定二十四山之方位
（5）二十四山由天干、地支、八卦組成

四—四　羅盤使用方法

1、將羅經盤面保持水平。
2、將磁針與天池中之海底紅線重疊。
3、將盤面紅色十字線正對自己（羅經盤面與身體垂直成90°）。
4、測量出目標方位（背面方向稱座山，面對方向為出向）。
◎羅經必須遠離鐵器及電磁用品。
◎座山、出向係指十字線下方地盤正針二十四山方位。

第五章

化煞物品

五—一 煞氣

煞氣是一股能量，此能量衝擊標的物，對它產生負面影響，此股能量稱為煞氣。

煞氣可分為外煞及內煞。

1、外煞：周遭環境對居家產生之負面能量。

2、內煞：房屋格局不佳所產生之負面能量。

五—二 影響煞氣強弱之因素

1、形狀

2、大小

3、距離

4、方位

5、顏色

五—三　化煞原理

1、電磁波輻射至房屋，中間用一鐵板遮攔，此鐵板即為化煞物，電磁波即為煞氣。

2、化煞物品必須俱備下列條件，方能具有擋煞、化煞的功能。

（1）有效的開光：藉由法力將天地間的能量導入化煞物品中。

（2）精確的擺設：化煞物品位置必須準確。

（3）正確的用途：化煞物品各有不同功能，必須選擇適當的化煞物品。

五—四 化煞物品種類

1、乾坤太極圖

乾坤太極圖開光時，必順敦請八卦祖師，日、月星君開鏡，轉動八卦，發揮移山倒海之功效，可化解天斬煞、壁刀煞、路沖、巷沖等煞氣。

2、山海鎮

山海鎮為常用之化煞物品，必須領有旨令之法師，敦請八卦祖師，日、月星君開鏡，引進法力，方有效力。對於天斬煞、壁刀煞、路沖、停車場出入、柱狀物等甚具效力。

3、八卦鏡

八卦鏡其排列以先天八卦方式置外圍，內置凸面鏡，開鏡時必須八卦祖師臨壇，轉動八卦化解煞氣，對於常見之天斬煞、壁刀煞、棺材煞、停車場出入口、屋脊煞等具效用。

4、凸面鏡

凸面鏡主要功用乃將對面之煞氣反射而回，但位置須正確，否則反射不成而傷己，使用時宜注意。

5、石獅

石獅鎮宅，化煞用於廟宇、橋樑，一般陽宅並不適宜，乃因獅子為兇猛動物，用於陽宅未蒙其利，反受其害，而石獅通常成雙成對出現，龍方雄獅、虎方雌獅，不可錯放。

6、石敢當

石敢當用於路沖、剪刀煞之位置，鎮壓地氣化煞。易生車禍之地，亦有人使用，其因乃民間信仰石頭公之延伸，只要巨大石頭皆可使用當成石敢當。

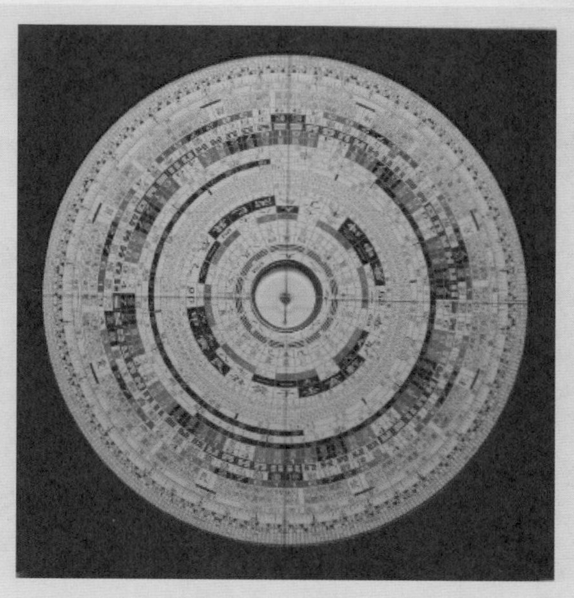

7、羅盤

羅盤因各派別不同，每層皆代表不同意義，有人使用於陽宅趨吉避凶、鎮宅避邪，甚至使用於化煞。羅經為堪輿學家必備之工具，因而才被當成化煞物品。

8、銅龍

郭璞葬經，左青龍、右白虎，若住家青龍方氣場衰敗或屋形不齊，左方短缺，利用開光後之銅龍來強化住家左方之磁場，改善陽宅。

9、銅麒麟

郭璞葬經，左青龍、右白虎，而白虎為兇獸，不宜，故以麒麟取代，代表宅屋女主人。經開光後可強化居家右方之磁場，改善陽宅風水格局，以利女人家運。

10、貔貅

貔貅為古代祥獸，經開光後置於陽宅之財位，強化居家磁場，可增進錢財收入，和樂全家親情，並可避小人。

11、水晶球

水晶球遠古用於預測、卜卦、算命，因其有特殊之磁場，通常置於陽宅財位上，強化居家磁場，另有不同水晶、水晶洞針對不同需求而使用。

12、葫蘆

葫蘆取象，眾仙神。置於陽宅可收化煞氣、化解病氣，但使用時必須開光，葫蘆內置入保生大帝、華陀、孫真人等醫神之丹藥，方能發揮其功效，使用上不得不慎。

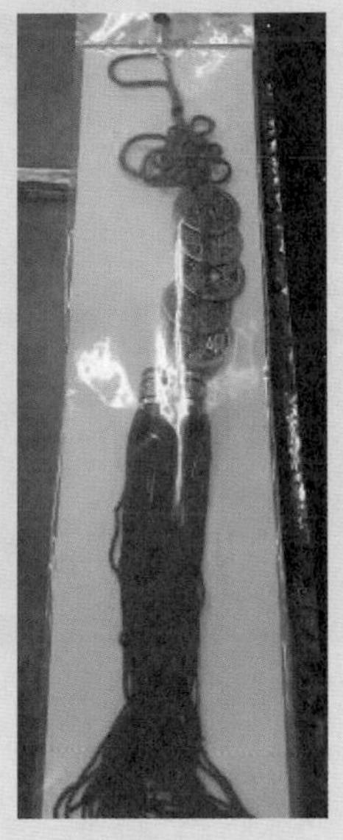

13、五帝錢

五帝錢乃取清代順治、康熙、雍正、乾隆、嘉慶，五位盛世皇朝錢幣，串連組成，據說安放陽宅可強化居家磁場。

14、銅錢劍

將古代銅錢串連成劍，經開光後，具殺傷力，道士用以伏魔捉妖，安放陽宅中可鎮宅、化煞。具攻擊性之化煞物品，使用時宜注意。

15、桃木劍

道士用以伏魔斬妖之用，經開光後具殺傷力，亦具攻擊性，用於鎮宅化煞，擺放位置必須慎選，否則反傷自己，使用時宜注意。

16、蟾蜍

蟾蜍主要為三腳，經開光後置於財位用以招財，白天頭往外吸四方財，傍晚將頭轉內，意含將白天所咬錢財帶回，可強化居家磁場。

五—五　使用化煞物品必須注意事項

1、必須經領有旨令的法師開光，未經開光的化煞物品，只是物品，不具任何效力。

2、開光必須用硃砂、酒，敦請仙神、菩薩降臨，催符唸咒，注入法力。

3、將化煞物品在正廟大爐過火，無論左繞圈、右繞圈，不具任何效力，因為它仍是物品。

4、開光後的化煞物品，法力會隨時間遞減，有效期間通常為二年。

5、有些煞氣，無論使用何種化煞物品，仍無法化解，慎選陽宅時宜謹慎。

第六章

陽宅基地之選擇要領

六一　標準風水格局

葬經、葬者、左青龍、右白虎、前朱雀、後玄武。故青龍蜿蜒，白虎馴順，朱雀翔舞，玄武垂頭。

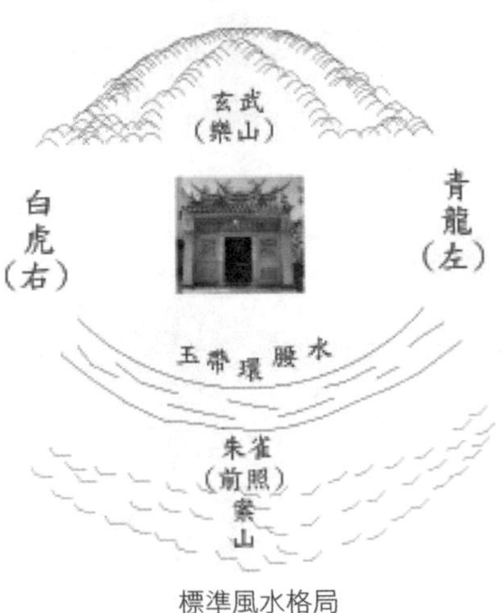

標準風水格局

八里真慶宮風水格局

大里慶雲宮風水格局

六—二　陽宅基地風水

※龍：山巒起伏。
※脈：地氣潛移之管道。
※穴：生氣止聚之處。
※陽宅之來龍：萬瓦鱗鱗市井中，高連屋脊是來龍。
※陽宅之水局：高一寸為山，低一寸為水，道路視為河流。
※山管丁、水管財；山主貴，水主富。

6-2-1　陰地，陽基

陰地：陰地之龍，清純緊湊，氣脈團結。
陽基：闊大開陽，氣勢闊大。
1、凡京都府縣，其基闊大。

2、凡城市地基貴高。

3、凡鄉村大宅需河港盤旋，沙頭捧揖，故地基寬敞平坦，周圍山水環抱，前有案山，出水口緊縮有情，外陽方需有秀峰聳立。

4、城居必須注意：

（1）明堂寬狹　（2）門庭大小

（3）地基高低　（4）水流形狀

（5）鄰居排比　（6）其它

5、鄉居必須注意：

（1）形局之完整　（2）陰陽胎息

（3）氣的沉浮　（4）水口的形勢方位

（5）其它

6-2-2 陽宅基地選擇要領

1、形狀

（1）正方形最佳。

（2）長方形亦佳。

（3）前寬後窄（火星托尾）不佳。

（4）前窄後寬的畚箕型佳。

（5）L型基地不佳。

（6）其它奇形怪狀之基地通常不宜。

但基地形狀不佳者可經風水師之巧手「饒減」使其沖剋轉換成相生之基地，以利建築。

2、基地之高低

（1）前低後高龍虎均稱之基地，後有靠山屬吉地。

（2）前高後低稱為過頭屋，傷人丁，主孤寡，財運衰退，屬於不吉地。

（3）前低後高，龍虎不均稱，基地騎脈不宜。

（4）前高後低，龍虎不均稱為兇險地。

6-2-3 陽宅不座向之地

1、不座粗頑劣石之地

水泉砂礫、怪石凜列，廉貞火形地，地氣蕩然無存，為凶地且易產生崩山、土石流之害，不宜建陽宅且宜遠離，避免災害。

2、不座急流灘頭之地

水流激沖，地氣全無，宅居於此，貧困無依、百事不成，且圍牆堵水成困局，河水氾濫，易成災害，速搬離方為上策。

3、不座山崗撩亂之地

陽宅附近有墳場，墳場陰氣旺盛、鬼魅叢生，且屍水、細菌充斥，為不佳之宅居。開門見墳，心情鬱悶，且有陰盛陽衰之虞，萬不得已，離墳最少200公尺以上，且不宜使用山海鎮、八卦鏡化煞，反而傷己。

4、不座神前廟後之地

宅前宅後有寺廟、教堂、祠堂等，陰陽交會、氣場雜亂，廟奪地氣，宅運衰退，怪事連連，居家不宜，但可經營佛教文物事業或香鋪宗教服務事業。

5、不座地下低小之地

來龍頓跌凹陷，破碎傾斜，惡形不改，殺氣凶露，主官事，疾惡，自縊、痴呆之格，宜加蓋樓層與他屋等高，方可避此災禍，反凶為吉。

6、不座風水悲愁之地

風蕭蕭，易水寒，壯士一去不復返，風水絕地，無任何氣脈可言，居之敗家、傷亡重重，有此絕地遠離之，趨吉避凶，此地非人力可改變，慎之。

7、不座坐空朝滿之地

前有山壁、後低陷，後空子孫寒，宅居之人前程發展困難重重，財運衰退、敗家往他方，擇屋時宜慎，要改善此格局困難重重，無解。

8、不座孤獨山頭之地

陽宅位於高峰之上，四周無依，風煞氣散，無法藏風聚氣，而水流四散，無法聚堂前。家運衰敗、窮困，難以寸進，為休憩之用可，常住不宜。

六－三　水域

1、無水處，民多貧
2、水聚處，民多稠
3、水散處，民多離
4、水深處，民多富

故山氣盛而水氣薄者，為政治中心；水氣盛而山氣薄者，為經濟樞紐。有山無水則為兇悍貧乏之民；有水無山定是驕奢淫逸之族。

◎常用水域：

1、正金格（玉帶環腰水）

彎曲抱身，如弓圓滿，左右來去，皆吉。

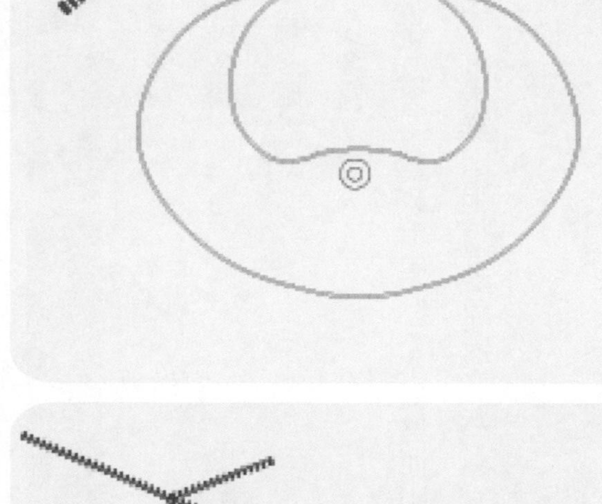

2、斜木域（斜飛水）

斜木水域，來去皆無情，生凶。賦云：登山見一水之斜流，罷官退職。

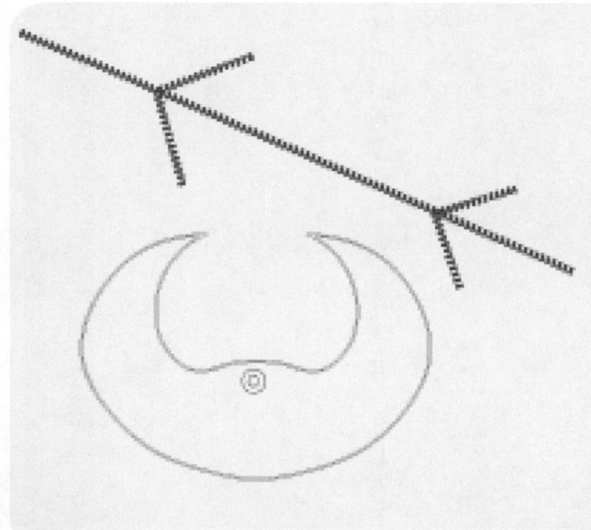

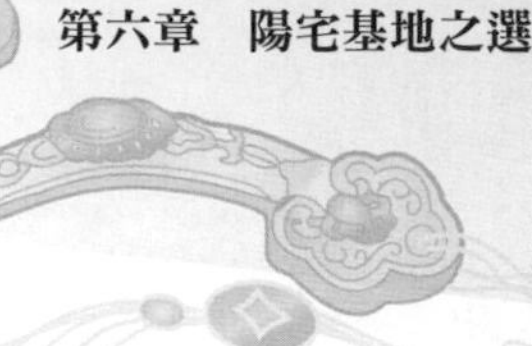

3、正木域（屈曲之水）

屈曲之水，盤桓顧穴，多情朝堂，多貴官極品，簪纓富貴榮。

4、橫木域

橫木域，一水穿堂而過，既直且急，全無顧穴之情、凶。

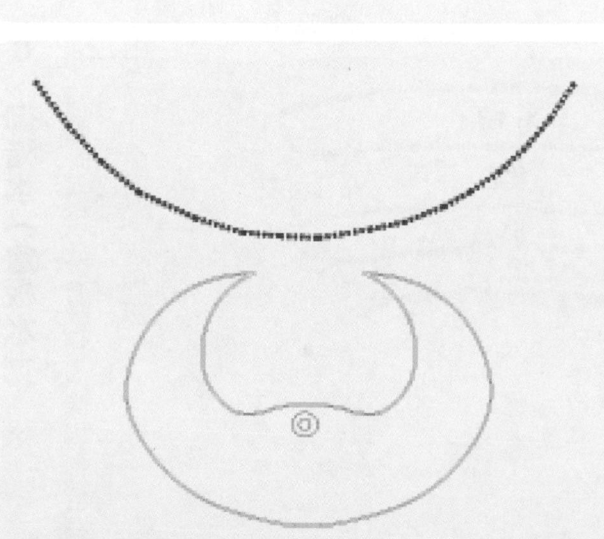

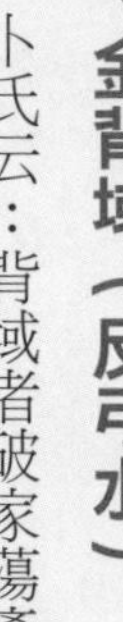

5、金背域（反弓水）

卜氏云：背域者破家蕩產。

6、御階水（倉板水）

乃田水一級低一級朝入懷也。經云：唯有田朝勝海朝，極吉。

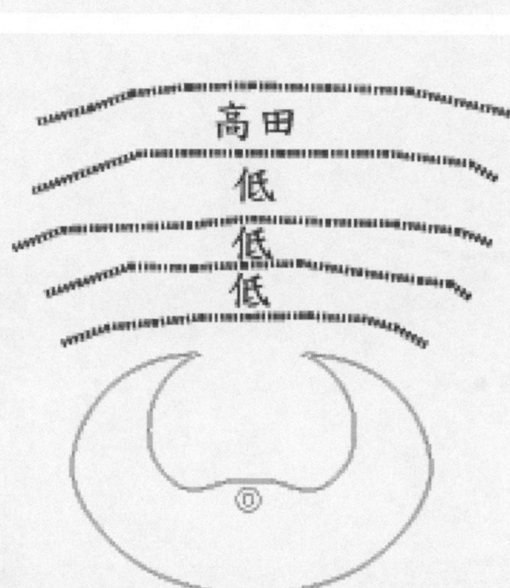

7、衝心水

急流直沖入懷，謂之流破天心卦，主刑傷，了息貧寒。

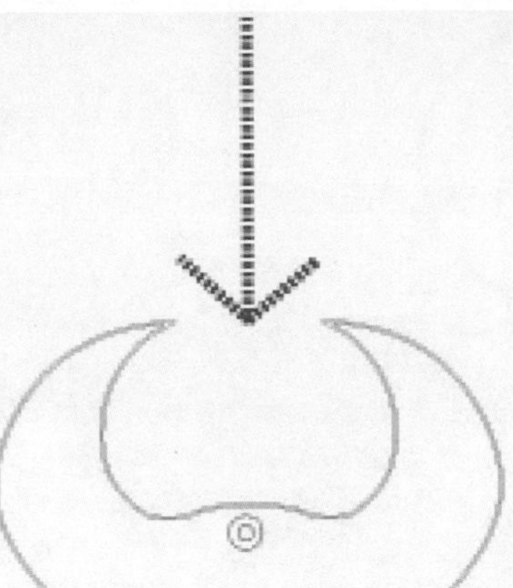

8、牽鼻水

元辰斜牽而出，一無遮攔，謂之牽動土牛，主退敗不休，離鄉外往。

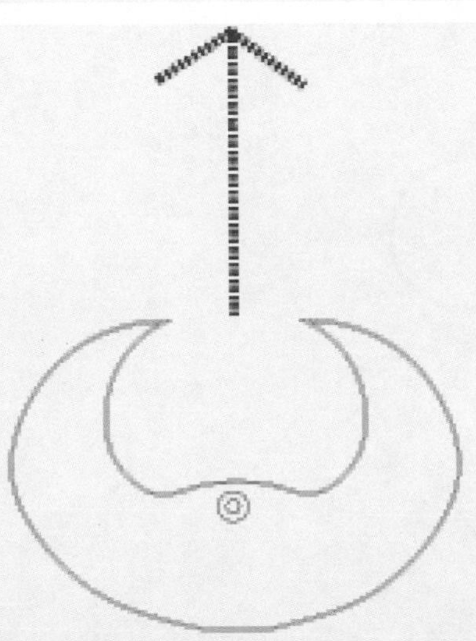

9、融瀦水

深水聚而不流，莫知其來去，若真龍穴地，積水為奇，主巨富悠久。

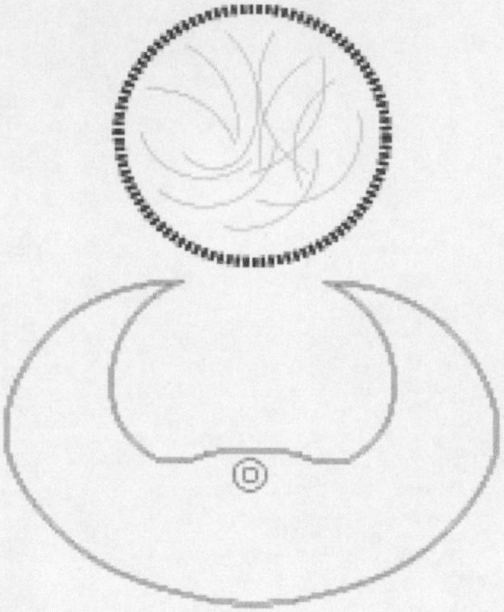

10、聚面水（水聚天心）

乃諸水融聚，即水聚天心，上格也。

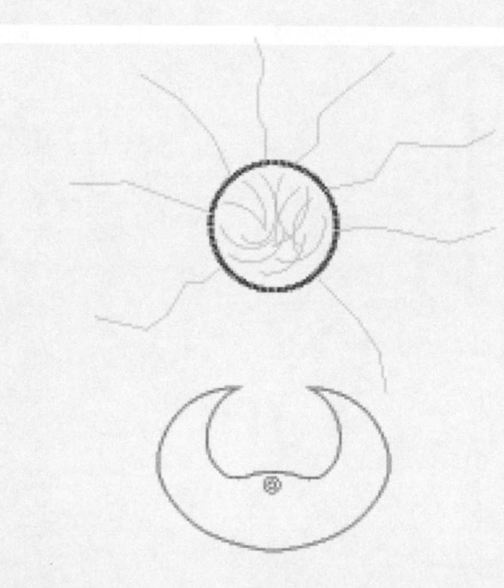

11、衛身水

龍入湖中突起埠結穴，四面皆水，最吉，故曰四畔汪洋，得水為上，富冠州郡，貴為卿相。

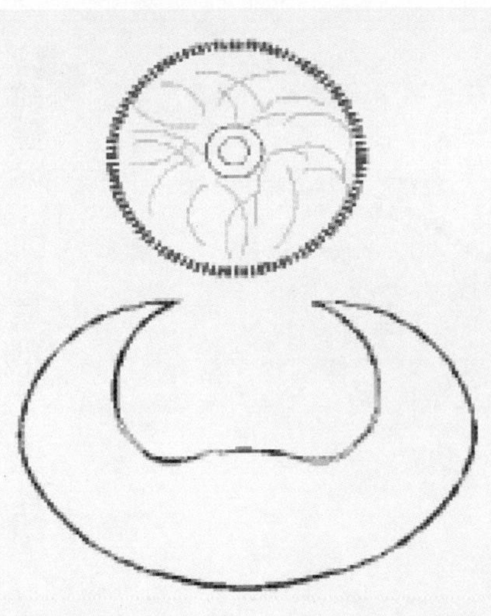

12、捲簾水

穴前之水傾跌而去，此水主入贅填房，敗退。

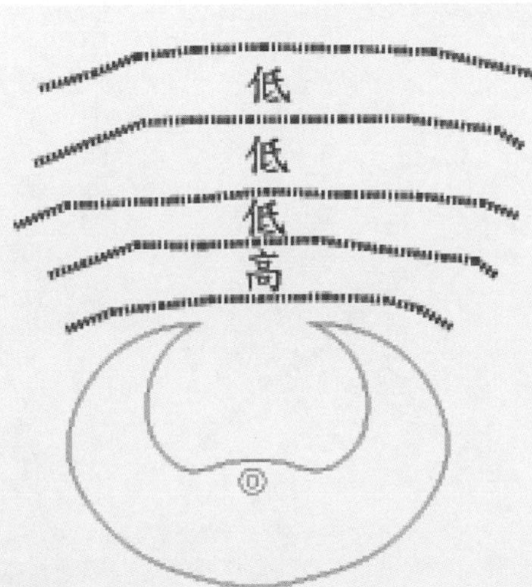

13、割腳水

穴無餘氣，而水域割腳，主貧絕。

14、穿及臂虎眼水

左右砂破水穿洗也，左應長房，右應幼房，主孤寡，自縊。

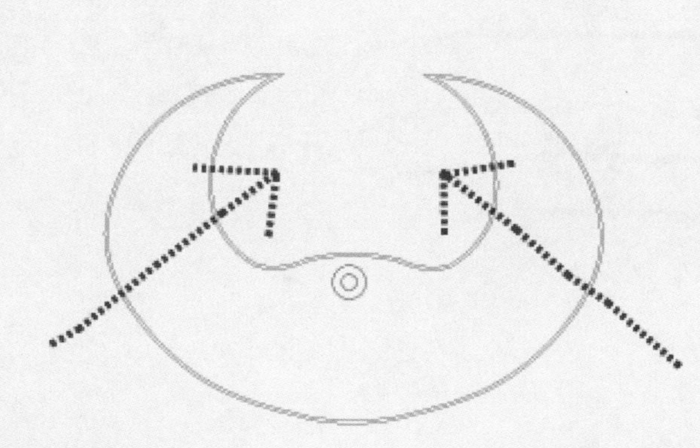

六—四　基地土垠之判斷

6-4-1　地氣判定法

1、黃白二氣云：白氣，水氣也。黃氣，地氣也。

2、看氣法：五更時候，曠覽四野，見和風揚沙，動而不疾者，大塊之土氣，黃氣也。

3、元祕集：地濕青苔主少亡，地枯焦烈家貲退，地潤光彩家富昂，地氣和暖登科第，蕭索冰冷家衰退。

6-4-2　土域顏色判定法

黃氣所鍾吉壤也，五氣行於地中，而土色各異：

1、金氣凝則白　　2、木氣凝則青

3、火氣凝則赤　　4、土氣凝則黃

5、水氣凝則黑

而岩地必須：

1、光滑堅實　　2、鮮明五花色

3、紋理詳細　　4、瑩潤脆嫩

綜合而言吉垠之判定原則：

1、細而堅硬　　2、潤而不澤

3、五土四備，陰陽沖和　　4、忌地枯焦烈

5、不可水泉砂礫

第七章

道路與水域之影響

七—一 道路與水域重大影響之原因

1、道路與水域形狀，形式明確。

2、道路與水域面積較大。

3、道路與水域不容易變動消失。

4、選擇陽宅在道路或水域較差的位置，煞氣影響深遠，無法擺脫。

5、道路與水域不良之影響除了搬離或化解外（但有些無法），無法停止。

七—二　道路產生之影響

1、路沖

（1）陽宅四面八方有道路直射，造成路沖，易產生血光之災，小人暗箭，財物損失，家運衰敗。

（2）依不同方位及流年對陽宅不同居住者產生影響，若前方正沖方位為乾，流年不佳，則對陽宅男主人（父親）產生影響。

（3）依科學而言，若道路正對房屋，來車閃失，則易撞進屋內，造成生命財產之損失。而人潛意識中易產生不安之意念，對生活品質亦有不良影響。

後方正沖
右後斜沖
左後斜沖
右方正沖
左方正沖
右前斜沖
左前斜沖
前方正沖

路沖

2、巷沖

陽宅正對、背對、側對、斜對巷道，則稱為巷沖產生之影響如同路沖，巷道愈細殺傷力愈大。

3、無尾巷

巷道在陽宅前終止，形成無尾巷，造成煞氣聚集，家運敗退，若產生火災，亦造成無路可走之窘境，應避免選擇巷尾最後三間位置。

4、反弓煞（鐮刀煞）

位於道路圓弧之外側，形狀像弓箭對己稱之，道路因離心力之影響，若失控撞進反弓之陽宅，造成生命財產之損失，住家前程受阻，子孫忤逆，家運衰敗之現象。

5、玉帶環腰

道路圓弧之內側，稱之。與反弓煞相反可免除反弓煞之艱難，利家運。

6、高架橋

前方高架橋，視野不佳、噪音、震動，造成心神不寧，位於反弓位置形成形煞，位於玉帶環腰位置，形成〝帶孝〞狀況，對家運不利。

7、地下道

屋前地下道，明堂低陷、交通受阻、視野不佳，對家運不利。

8、路橋

路橋橫前，案山太近、明堂窘迫、交通受阻，家運前程受阻。

9、天橋

天橋之影響如同高架橋。

10、屋陷地煞

陽宅之一樓樓板低於道路，形成室內壓迫，主宅運衰敗。

11、泰山壓頂

陽宅後之玄武山，需峻秀，若過於高聳，易造成壓迫，對於宅中人，恐有吉凶參半之應。

12、虎方高聳

白虎起高峰，妻子罵老公，宅之右方為高樓，主女人當權之勢。

13、圓環

宅居於圓環，其影響如同反弓煞。

14、坐地低小

兩廂屋高，本屋低小，久居易癡呆，疾痛纏身，孤獨無依。

15、開門見山

陽宅對面高樓聳立，遮掩明堂，使宅中之人受壓迫宅運敗退。

16、明堂狹隘

道路狹小，陽宅間距狹小，明堂窘迫，宅中人前程受阻，家運敗退。巷道寬度最少8m以上。

17、陽宅基地不可低於道路對面

陽宅基地低於對面形成過頭屋，氣勢受阻於對面主衰敗。

18、剪刀煞

道路形狀如同剪刀，形成剪刀煞，宅居人易產生血光車禍意外。

19、座空朝滿

前高後低，一世被欺，家運、人丁衰敗。若發生崩落亦造成重大傷亡。

20、道路下溝谷之地

屋居於山路下溝谷之地，易產生淋頭水，土石崩落，車衝山路下之重大災害，是為絕地。

21、道路騎脈之地

坡度過大，脈氣直洩，兩旁住戶產生財來財往之勢，故道路坡度宜平緩。

22、幹道與巷道相交地域

面向幹道之陽宅，以A區優先為選擇，因巷道處於A區之青龍方位，龍宜動，虎宜靜。

幹道

B區　A區

巷道

23、十字路口之選地

處於十字路口之A、B、C、D區，必須觀察地勢高低、樓高、來龍之強勁，交通動線，車流之多寡，是否有天橋、地下人行道、水之流向等因素加以衡量，方可判定。

B區

D區　C區

七—三　水域之影響

7—3—1　陽宅選擇水域佳者

1、正金格（玉帶環腰水）
2、正水格（屈曲之水）
3、御階水（倉板水）
4、融瀦水
5、聚面水（水聚天心）
6、衛身水

7—3—2　陽宅不宜選擇之水域

1、斜木域（斜飛水）
2、橫木域

3、金背域（反弓水）

4、衝心水

5、牽鼻水

6、捲簾水

7、割腳水

8、穿及臂虎眼水

7－3－3 都市陽宅選擇水域要領

都市臨河之機率較少，選擇水域除了參考陽宅適宜之水域外，尚需考慮下列原則。

1、水不可從屋中流。

2、房屋四周不可皆有水溝。

3、不可有死水環繞之現象。

4、庭園造景假山流水之方位位置必須慎選，水流之方向必須注意。

5、噴水池之方位、位置，必須考慮，不可太近陽宅。

7-3-4 鄉村選擇水域要領

鄉村臨河之機率大，除了參考陽宅適宜之水域外，尚需考慮下列原則：

1、不可座空朝滿

俗諺背後水，窮如鬼，需詳加注意。

2、不宜水上人家

無地氣可用，常住易罹疾病，多為貧窮之人。

坐空朝滿之水局

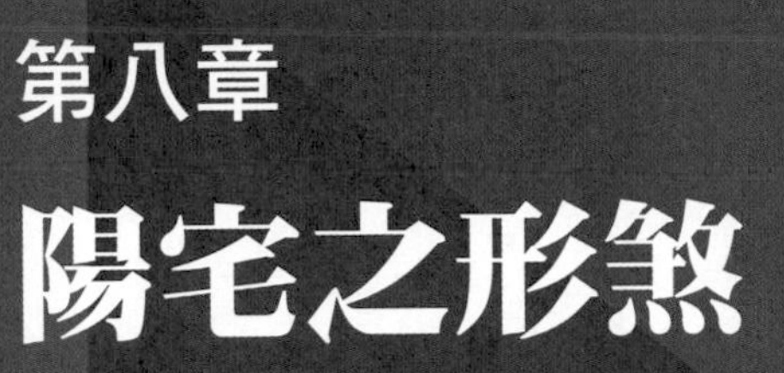

第八章

陽宅之形煞

八－一 陽宅之形狀及構造

8-1-1 陽宅之形狀

1、陽宅之形狀以正方形最佳，因三心合一，重心＝形心＝質心。

2、長方形亦可，但長寬之比大約1.68：1，超過此比例往往造成通風不佳、光線不足，易生細菌滋長。

3、前寬後窄（火星拖尾），不宜。

4、前窄後寬（畚箕型），雖然可聚財，但形狀缺陷，因流年之影響而造成家運衰敗。

5、L形狀不易找到房屋之中心，不宜。

6、奇形怪狀，凶。

8－1－2　陽宅之構造

1、廉貞火形屋，屋脊尖聳，牆垣尖長，簷披火腳，椽頭露齒。

2、奇形格：屋體奇特，屋形萬有不齊。

3、橫狹屋：屋子橫氣，瘦小，房份不均，大凶。

4、火形屋：前面寬闊，後頭尖狹，人立見災殃。

5、屋頂奇形怪狀：尖煞、墓碑煞。

8－2 陽宅常見之形煞

1、壁刀煞

房屋某一面正對另一棟房屋側邊之牆壁，稱之。易導致血光之災、犯小人。

2、天斬煞

兩棟大樓並排，中間形成一狹窄且垂直之隙縫稱之，主血光、刀厄、意外車禍之災。

3、停車場出入口

主漏財、血光之災、意外災害。

4、宅屋四周變電箱

因電磁波之影響，易造成血光之災、腫瘤、細胞病變。

5、蜈蚣煞

電塔狀似蜈蚣，形成蜈蚣煞，易產生內臟、腸胃及腫瘤之問題。

6、屋頂基地台

強大電磁波聚集，易生血光、腫瘤、細胞病變之問題。

7、緊臨醫院

居家宜遠離醫院200公尺以上，否則易生不同細菌感染。

8、迴風煞

居家面對凹形之建物，因風於凹處迴旋後，容易沿牆壁直接灌向住家，造成住戶血光、睡眠品質差、神經系統產生毛病、易感冒。

9、凹風煞

好風聚財氣，鬼風傷精神，易產生血光、睡眠品質不佳、神經系統毛病。

10、屋頂鴿舍

易生傳染疾病，宜避之。

11、圍牆

適宜之高度165cm～200cm，或60cm以下，過高易產生出門碰壁，甚至產生躁鬱症，其上之附加物，碎玻璃：血光；鐵絲網：官司；攀藤植物：是非口角、官司。

12、棺材煞

居住其中之人易生疾病、車禍、血光、意外或自殺之情況。

13、屋脊煞

易產生內臟受傷、出血、血光之災。

14、柱狀物

電線杆、路燈、紅綠燈、電塔、煙囪柱……等，易造成血光、車禍、免疫系統受損、細胞病變。

15、出門碰樹

樹形奇怪彎曲、凹凸不平，易生怪病、腫瘤、血光之災、招陰、招蟲蟻。

16、屋中樹

上不接天，下不接地，上無陽氣，下無地氣，傷男丁，家運衰敗。

17、屋上攀藤植物

易破壞房屋結構，聚陰，筋骨疾病，是非口舌，官司糾紛。

18、光煞

易造成住家火災、血光意外。

19、面對堤防

易產生出門碰壁之情況，樓層之高度宜高過堤防。

第九章

陽宅座向樓層之選擇

九—一 陽宅之坐向

1、透天厝、三合院以開大門之方向為向。

2、集合住宅以基地所開大門為集合住宅之向。

3、公寓大廈以落地窗或大片窗戶為房屋之向，非只是以房屋之門為向，此點必須注意。

4、利用羅經量測陽宅之座向。

九—二 選擇陽宅座向之要領

9-2-1 東四宅、西四宅

依伏羲及河圖而言：

1、東四宅：巽、震、坎、離。

2、西四宅：乾、坤、艮、兌。

九—三　流年九星

1、人命配宅命之由來，以一、四、七分上元、中元、下元。

即上元甲子起一白，中元甲子起四巽，下元甲子起七兌。

2、九星口訣（紫白九星）

一白坎、二坤黑、三碧震、四巽綠、五黃中、六白乾、七兌赤、八白艮、九紫離。

3、男命排山掌訣推算法

（1）男命流年九運以一、四、七分上元、中元、下元，甲子順行，紫白逆行。

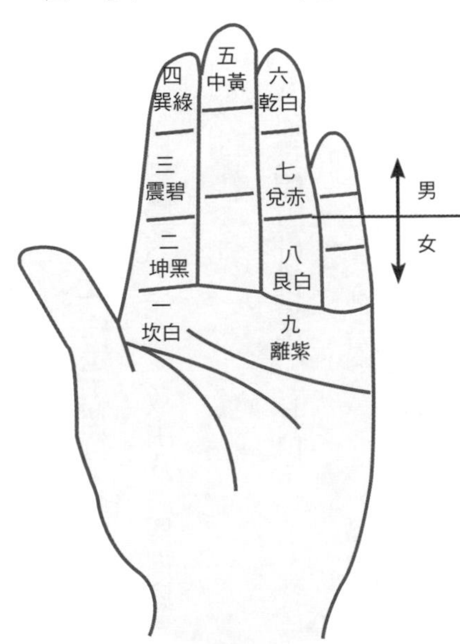

九星排山掌訣

（2）確認現今為何運？（93—112年為八白艮屬於下元運，故由七兌赤推算）。

（3）將出生年次相加。

（4）將相加之和在九星排山掌訣上，七兌赤逆時針推算出一卦位。

4、女命排山掌訣推算法

（1）女命流年九運以二、五、八分上元、中元、下元，甲子逆行，紫白順行。

（2）確認現今為何運？（93—112年為八白艮屬於下元運，故由八白艮推算）。

（3）將出生年次相加。

（4）將相加之和在九星排山掌訣上，八白艮順時針推算出一卦位。

5、男命、女命推算後之說明

（1）無論男、女命所推算出的卦為坎、離、震、巽之一卦者為東四命。

（2）無論男、女命所推算出的卦為乾、坤、艮、兌之一卦者為西四命。

（3）推算若在五黃中時，男命永寄坤，女命永寄艮。

（4）東四命人，配住東四宅；西四命人，配住西四宅。

6、案例說明

（1）49年次男、女命卦

①男命卦

a、4＋9＝13

b、於九星排山掌訣七兌赤位置。

c、逆時針推算13，找出四巽綠卦位。

d、四巽綠屬於坎、離、震、巽之一卦，故男49年次為東四命。

②女命卦

a、4＋9＝13

b、於九星排山掌訣八白艮位置。

c、順時針推算13，找出二坤黑卦位。

d、二坤黑屬於乾、坤、艮、兌之一卦，故女49年次為西四命。

（2）21年次男命卦

a、2＋1＝3

b、於九星排山掌訣七兌赤位置。

c、逆時針推算3，找出五黃中卦位，男命五黃中永寄坤卦。

d、二坤黑屬於乾、坤、艮、兌之一卦，故男21年次為西四命。

（3）61年次女命卦

a、6＋1＝7

b、於九星排山掌訣八白艮位置。

c、順時針推算7，得五黃中卦位，女命五黃中永寄艮卦。

d、八白艮屬於乾、坤、艮、兌之一卦，故女61年次為西四命。

7、民國一年至一百年男女命卦速查表

民國1年—10年速查表		
女命卦	男命卦	民國
艮	兌	1
離	乾	2
坎	坤	3
坤	巽	4
震	震	5
巽	坤	6
艮	坎	7
乾	離	8
兌	艮	9
艮	兌	10

民國11年—20年速查表		
女命卦	男命卦	民國
離	乾	11
坎	坤	12
坤	巽	13
震	震	14
巽	坤	15
艮	坎	16
乾	離	17
兌	艮	18
艮	兌	19
離	乾	20

民國41年—50年速查表		
女命卦	男命卦	民國
震	震	41
巽	坤	42
艮	坎	43
乾	離	44
兌	艮	45
艮	兌	46
離	乾	47
坎	坤	48
坤	巽	49
震	震	50

民國51年—60年速查表		
女命卦	男命卦	民國
巽	坤	51
艮	坎	52
乾	離	53
兌	艮	54
艮	兌	55
離	乾	56
坎	坤	57
坤	巽	58
震	震	59
巽	坤	60

民國21年—30年速查表		
女命卦	男命卦	民國
坎	坤	21
坤	巽	22
震	震	23
巽	坤	24
艮	坎	25
乾	離	26
兌	艮	27
艮	兌	28
離	乾	29
坎	坤	30

民國31年—40年速查表		
女命卦	男命卦	民國
坤	巽	31
震	震	32
巽	坤	33
艮	坎	34
乾	離	35
兌	艮	36
艮	兌	37
離	乾	38
坎	坤	39
坤	巽	40

民國81年—90年速查表		
女命卦	男命卦	民國
兌	艮	81
艮	兌	82
離	乾	83
坎	坤	84
坤	巽	85
震	震	86
巽	坤	87
艮	坎	88
乾	離	89
兌	艮	90

民國91年—100年速查表		
女命卦	男命卦	民國
艮	兌	91
離	乾	92
坎	坤	93
坤	巽	94
震	震	95
巽	坤	96
艮	坎	97
乾	離	98
兌	艮	99
艮	兌	100

民國61年—70年速查表		
女命卦	男命卦	民國
艮	坎	61
乾	離	62
兌	艮	63
艮	兌	64
離	乾	65
坎	坤	66
坤	巽	67
震	震	68
巽	坤	69
艮	坎	70

民國71年—80年速查表		
女命卦	男命卦	民國
乾	離	71
兌	艮	72
艮	兌	73
離	乾	74
坎	坤	75
坤	巽	76
震	震	77
巽	坤	78
艮	坎	79
乾	離	80

九—四　八宅九星之應用

1、利用羅經量測陽宅之座向。

2、利用陽宅之座向判定宅屋屬於東四宅或西四宅。

3、利用男、女排山掌訣推算男、女命卦判定男、女屬於東四命或西四命。

4、東四命人，配住東四宅；西四命人配住西四宅。以此原則選擇陽宅之參考。

5、命卦之伏位，合宅之座山為正得福元。命卦之三吉位，合座山為次得福元。

楊公曰：

坎、離、震、巽是一家，西四命人莫犯他，若還一氣修成象，子孫興盛定榮華。

乾、坤、艮、兌四宅同，東西卦人不可逢，誤將他卦裝一屋，人口傷亡禍必重。

九—五　選擇陽宅樓層之要領

1、洛書

大禹治水，神龜獻書，出於洛水，謂之洛書，其背列，載九履一，左三右七，二四為肩，六八為足。

2、樓層與洛書及方位之關係（如下圖）

3、選擇樓層之要領

（1）利用男命、女命排山掌訣計算出男、女屋主適合的房屋座向。

（2）利用房屋之座向在樓層與洛

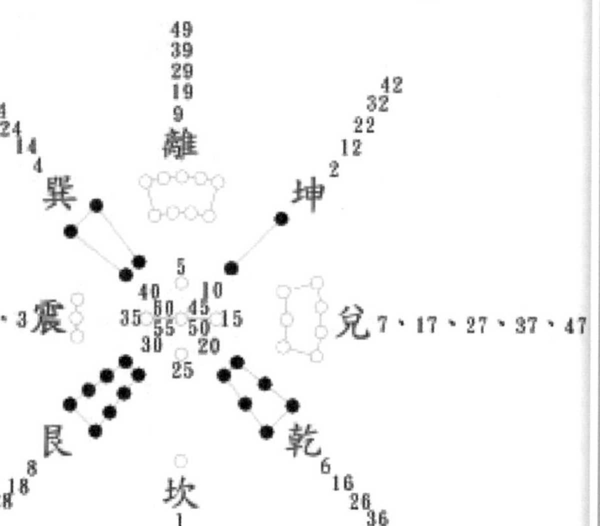

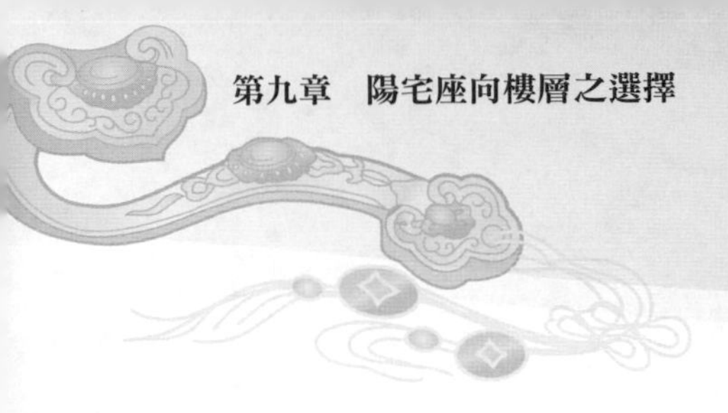

書及方位關係圖中找出最適合之樓層。

（3）案例說明

①男49年次

a、於九星排山掌訣中推算出男49年次為東四命。

b、東四命最適宜東四宅，巽、震、坎、離。

c、男49年次坐巽位者正得福元，故於樓層，洛書及方位關係圖中找到巽之方位，查得最適宜樓層者為第4、14、24、34、44層。

d、男49年次者次得福元方位為坐坎、震、離。

坎坐：第1、11、21、31、41層次吉。

震坐：第3、13、23、33、43層次吉。

離坐：第9、19、29、39、49層次吉。

e、若無坐巽、震、坎、離方位之樓層，亦可找第5、10、15、25、35、45、50層。

f、坐乾、坤、艮、兌方位之樓層較不適宜男49年次。

第十章

陽宅佈置理氣方法

十一一 風水三要素

1、巒頭
2、理氣
3、擇日

十一二 理氣

利用前人各派學說理論，尋找不同空間（方位）之良好氣場（磁場）。

十一三 常見之理氣方法

1、三元陽宅法（常用）

2、八宅遊年卦（常用）

3、八宅九星法（座向）

4、玄空學派（常用）

5、龍門八吉法

6、其他

本書詳述三元陽宅法、八宅遊年卦，以供參考。

十—四　三元陽宅法

10—4—1　三元陽宅之定義

三元陽宅是以「九星九運」掌管宇宙氣數循環，配合八卦，以周天六十甲子的流年為基礎輪流交替。

10-4-2 九星

1、貪狼水星　2、巨門土星　3、祿存木星

4、文曲木星　5、廉貞土星（中宮不出卦）　6、武曲金星

7、破軍金星　8、左輔土星　9、左弼火星

10-4-3 九運

1、每一運管二十年，九運九星共管一百八十年。

2、九運分成三個周天甲子，每一個周天甲子六十年，分由三個星輪管。

3、第一個周天六十年為上元，第二個周天六十年為中元，第三個周天六十年為下元，下元過後歸還上元，如此週而復始。

10-4-4 天運之九星統管年限及九行表

元運	九運	八卦	九星	所屬之三山	五行	年代
上元	一運	一坎	貪狼水	壬子癸	木	民前 29-48 年年
	二運	二坤	巨門土	未坤申	土	民前 09-28 年年
	三運	三震	祿存木	甲卯乙	木	民前 民國 12-08 年年
中元	四運	四巽	文曲木	辰巽巳	木	民國 42-13 年年
	五運	五黃關中宮土不出卦位				前十年寄文曲 後十年寄武曲
	六運	六乾	武曲金	戌乾亥	金	民國 72-43 年年
下元	七運	七兌	破軍金	庚酉辛	金	民國 92-73 年年
	八運	八艮	左輔土	丑艮寅	土	民國 112-93 年年
	九運	九離	左弼火	丙午丁	火	民國 132-113 年年

10-4-5 地運八卦配九星及二十四山表

九運	九星	管運年數	大運年數及統之運星	五行
一運	貪狼水星	廿年	上元六十為甲子由貪狼星統元運	木
二運	巨門土星	廿年		土
三運	祿存木星	廿年		木
四運	文曲木星	廿年	中元六十年為甲子由文曲星統元運，廉貞星前十年歸四運，後十年歸六運	木
五運	廉貞土星	廿年		中宮土
六運	武曲金星	廿年		金
七運	破軍金星	廿年	下元六十年為七赤破軍星統元運	金
八運	左輔土星	廿年		土
九運	左弼火星	廿年		火

10-4-6 元運九星之生旺休廢

1、比我者為旺氣
2、我生者為洩氣
3、生我者為生氣
4、剋我者為殺氣
5、我剋者為死氣
6、同元運不畏氣
7、先後天同位不畏氣

以八白艮下元二十年當旺星為例：

（1）坎卦土剋水殺氣運
（2）坤卦土比土旺氣運
（3）震卦木剋土死氣運

洩 (火) 離
死 (木) 巽
旺 (土) 坤
乾
兌　巽
死 (木) 震　離　艮　土　坎　兌 (金) 生
震　艮
坤
艮 (土) 旺
乾 (金) 生
坎 (水) 殺

（4）巽卦木剋土死氣運
（5）五黃中，中宮不出卦
（6）乾卦土生金生氣運
（7）兌卦土生金生氣運
（8）艮卦土比土旺氣運（同元運不畏氣）
（9）離卦火生土洩氣運（同元運不畏氣）

10-4-7 利用三元陽宅理氣之方法

1、畫出陽宅平面圖
2、將陽宅平面畫出九宮格
3、利用羅經盤量測出陽宅之座向
4、將八卦方位標示在九宮格上
5、利用元運九星之生旺休廢方式求出各卦位之生、旺、殺、死、洩氣運。

6、將生、旺、殺、死、洩氣運標示在九宮格之卦位上，以利陽宅佈置。

7、生、旺氣運方可佈置財位、神位、書房、主臥室、大門及廚房等。

8、殺、死、洩氣運方位可佈置廁所、浴室、餐廳、客房、儲藏室等。

9、例題，以下元運八白艮，坎宅說明如下：

巽（死氣）	離（洩氣）	坤（旺氣）
震（死氣）		兌（生氣）
艮（旺氣）	坎（殺氣）	乾（生氣）

十—五 八宅遊年卦

10—5—1 八宅之理論

1、伏羲先天八卦陰陽對待

（1）乾、坤、艮、兌是老少陰陽有成家之義。

（2）坎、離、震、巽是中男中女長男長女亦有成家之義。

故堪輿學家把乾、坤、艮、兌四卦之宅定義西四宅。坎、離、震、巽四卦之宅定義為東四宅。

2、河圖理氣而言，金水相生為西四宅，木火通明為東四宅。

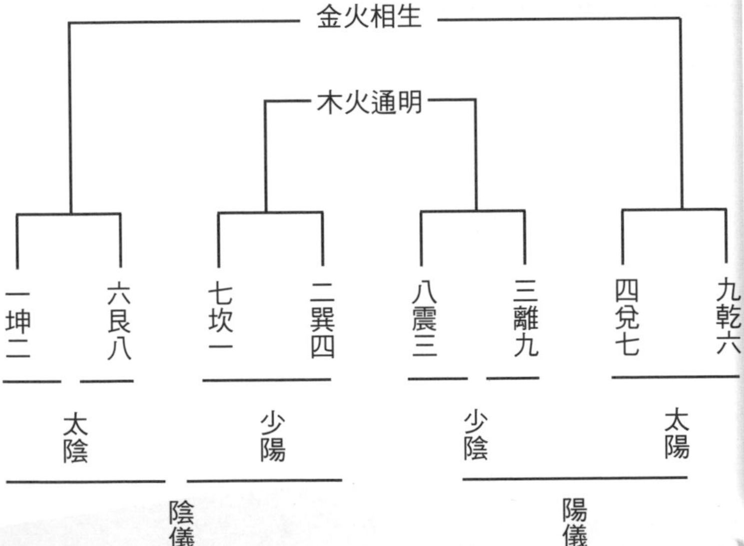

金火相生

木火通明

九乾六　四兌七　三離九　八震三　二巽四　七坎一　六艮八　一坤二

太陽　少陰　少陽　太陰

陽儀　陰儀

3、依伏羲及河圖理氣而言

（1）東四宅：巽、震、坎、離。

（2）西四宅：乾、坤、艮、兌。

10－5－2　八宅遊年卦

1、八式歌訣順序

（1）伏位　（5）六煞

（2）生氣　（6）禍害

（3）五鬼　（7）天醫

（4）延年　（8）絕命

2、四卦吉凶

（1）四卦吉位：伏位、生氣、延年、天醫

（2）四卦凶位：五鬼、六煞、禍害、絕命

3、八宅遊年卦方位斷語

伏位配輔弼木星、生氣配貪狼木星

五鬼配廉貞火星、延年配武曲金星

六煞配文曲木星、禍害配祿存土星

天醫配巨門土星、絕命配破軍金星

①伏位輔弼木位：位本宅之座山，是本命之正卦。書云：半吉半凶，用得（木）叫得位。若在乾兌宅（金剋木）內剋主凶。在坤艮宅（木剋土）減吉。本宅之第四吉星位。

②生氣貪狼木位：男命合卦者，得生氣位並生五子，可催官出富貴。大旺人丁、百慶交集、發達隆昌，是本宅之第一吉星位。

③五鬼廉貞火位：主交友不慎、金錢受騙、朋友所詐、失竊、火災、病患口舌、官訟、退財、當主管眾叛親離。五鬼廉貞屬火，其應在丙丁寅午戌年月。是本

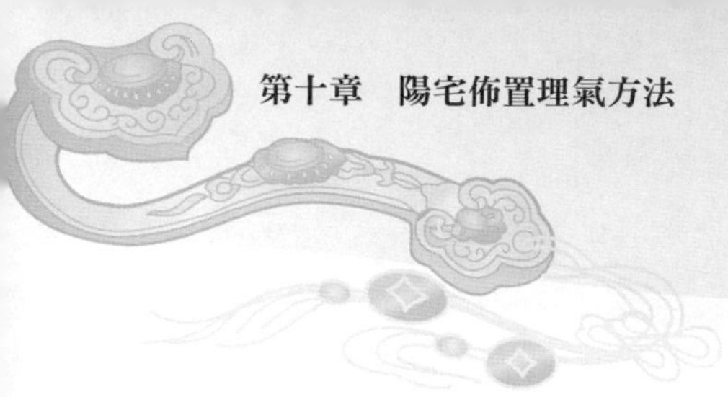

宅之第二凶星位。

④延年武曲金位：主中富大壽，並生四子。夫妻和睦，早婚姻人口大旺，日日得財，吉慶綿綿。是本宅第三吉星位。

⑤六煞文曲木位：主桃花，為情所困，失財、口舌、敗家、傷人口，是本宅之第三凶星位，主應在壬癸申子辰年月應驗。

⑥禍害祿存土位：主盜賊、官災、疾病、敗家傷人口，主應在戊己辰戌丑未年月，凡犯爭鬥仇殺都是犯禍害祿存方。是本宅之第四凶星位。

⑦天醫巨門土位：主闔家平安、生三子、人口田畜旺，主應在戊己辰巳未年月，凡得天醫方卻病除災，是本宅之第二吉星位。

⑧絕命破軍金位：主絕子傷嗣、自幼無壽多病、退財產、血光、及突發生意外、癌症都是犯絕命破軍方，是本宅之第一凶星位。主應在庚辛巳酉丑年月應驗。

10-5-3 翻卦掌訣法

1、翻卦掌訣佈置依

（1）天地定位＝乾坤

（2）山澤通氣＝艮兌

（3）水火不相射＝坎離

（4）雷風相薄＝震巽

2、翻卦掌訣法

（1）依序列出八式歌訣

（2）將陽宅之座卦定為第一順序，依下列原則在翻卦掌中翻出八卦之順序。

①邊與邊交，中與中交。

②a、斜上↓中下↓斜上↓中下↓斜上↓中下↓斜上↓中下之順序定出八卦之順序。（陽宅之座，位在乾、艮、坎、震）

翻卦掌訣

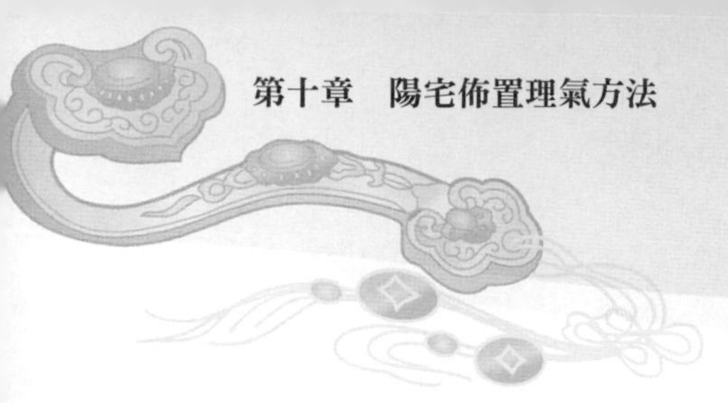

b、斜下↓中上↓斜下↓中上↓斜下↓中上↓斜下↓中上之順序定出八卦之順序。（陽宅之座，位在離、巽、坤、兌）

（3）將八卦之順序與八式歌訣順序結合在陽宅之九宮格上定出吉凶。

3、例一坎宅（坎座）

（1）將坎列為1↓斜上2巽↓中下3艮↓斜上4離↓中下5乾↓斜上6兌↓中下7震↓斜上8坤。

（2）、按八式歌訣列出順序

1、伏位　2、生氣　3、五鬼　4、延年

5、六煞　6、禍害　7、天醫　8、絕命

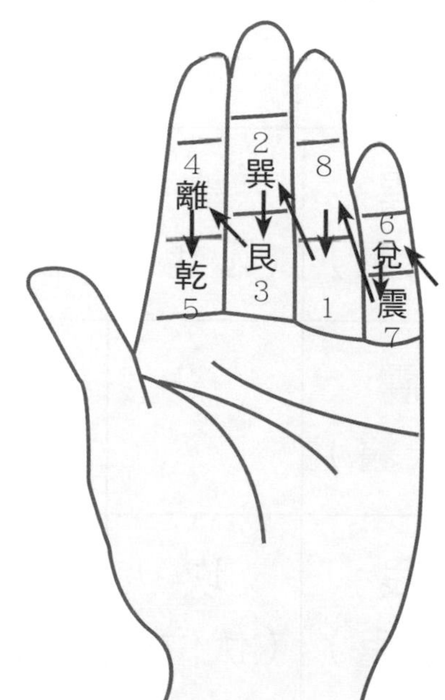

翻卦掌訣（坎宅翻卦順序）

（3）將（1）列出八卦之順序與（2）八式歌訣之順序結合。

1、伏位↔1、坎
2、生氣↔2、巽
3、五鬼↔3、艮
4、延年↔4、離
5、六煞↔5、乾
6、禍害↔6、兌
7、天醫↔7、震
8、絕命↔8、坤

（4）標示於九宮格中（如下表）

巽（生氣）	離（延年）	坤（絕命）
震（天醫）		兌（禍害）
艮（五鬼）	坎（伏位）	乾（六煞）

坎宅

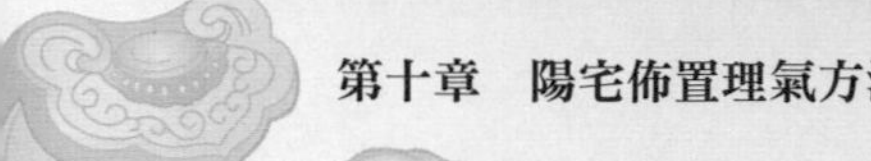

4、例二兌宅（兌座）

（1）將兌列為1↓斜下2乾↓中上3離↓斜下4艮↓中上5巽↓斜下6坎↓中上7坤↓斜下8震。

（2）、按八式歌訣列出順序

1、伏位　2、生氣

3、五鬼　4、延年

5、六煞　6、禍害

7、天醫　8、絕命

（3）將（1）列出八卦之順序與（2）八式歌訣之順序結合。

1、伏位↕1、兌

2、生氣↕2、乾

3、五鬼↕3、離

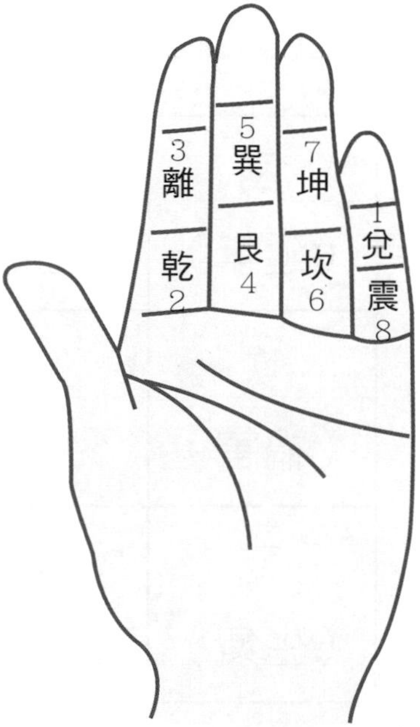

翻卦掌訣（坎宅翻卦順序）

4、延年↔4、艮
5、六煞↔5、巽
6、禍害↔6、坎
7、天醫↔7、坤
8、絕命↔8、震
（4）標示於九宮格中（如下表）

艮 （延年）	震 （絕命）	巽 （六煞）
坎 （禍害）		離 （五鬼）
乾 （生氣）	兑 （伏位）	坤 （天醫）

兑宅

10-5-4 翻出遊年卦表

利用翻卦掌訣法翻出遊年卦表如下：

絕命	離	坎	兌	艮	坤	乾	巽	震
天醫	艮	兌	坎	離	震	巽	乾	坤
禍害	巽	震	坤	乾	兌	艮	離	坎
六煞	坎	離	艮	兌	乾	坤	震	巽
延年	坤	乾	巽	震	離	坎	兌	艮
五鬼	震	巽	乾	坤	艮	兌	坎	離
生氣	兌	艮	離	坎	巽	震	坤	乾
伏位	乾	坤	震	巽	坎	離	艮	兌

10-5-5 八宅遊年卦之應用

1、畫出陽宅平面圖

2、將陽宅平面圖畫出九宮格

3、利用羅經盤量測出陽宅座向

4、將八卦方位標示在九宮格上

5、利用八宅遊年卦求出各卦位之

（1）伏位　（2）生氣

（3）五鬼　（4）延年

（5）六煞　（6）禍害

（7）天醫　（8）絕命

6、將八式歌訣標示在九宮格之卦位上，以利陽宅佈置

7、伏位、生氣、延年、天醫方可佈置財位、神位、書房、主臥室、大門及廚房等。

8、五鬼、六煞、禍害、絕命方可佈置廁所、浴室、餐廳、廚房、儲藏室等。

第十一章

大門選擇要領

十一一　大門選擇通要

1、門宜對稱，後戶不得高於前門。

2、關前門而從後出入者，必主孤寡。

3、前門不可開於煞方，後戶不可開於旺處。

4、屋大門小，謂之閉氣，主病。

5、屋小門大，謂之洩氣，退財。

十一—二　大門必須避免之情況

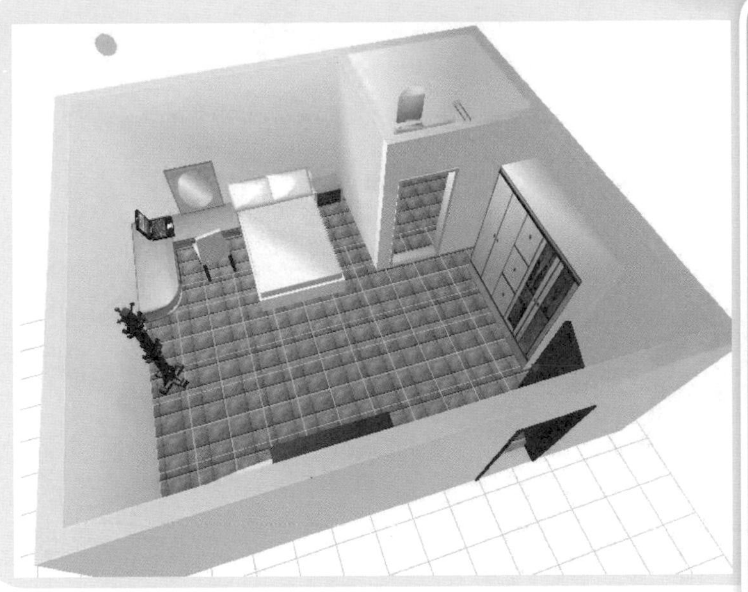

1、入門見廁所

廁所為五穀輪迴之處，集溼氣、穢氣於一身，入門見廁有陰陽相剋之應，宜避之，或門前設置一道輕牆形成玄關阻絕之。

2、入門見廚房

廚房為一家之財庫，錢財不露白，宜避免，或築一輕牆，阻隔之。

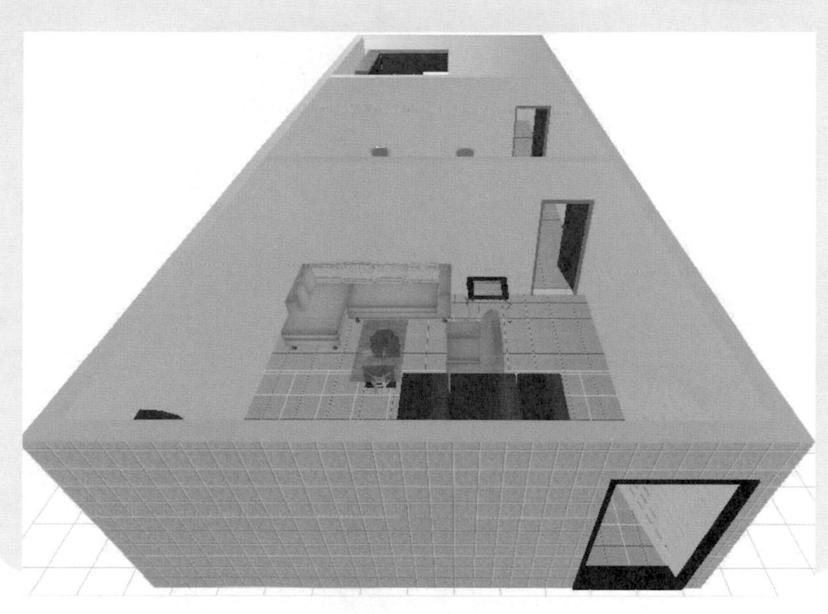

3、三門通

開門氣場直沖至後，應在適當位置築輕牆或屏風阻隔。

4、大門對大門

兩門相對，氣勢強者取勝，可於門上掛開光之八仙彩破解。

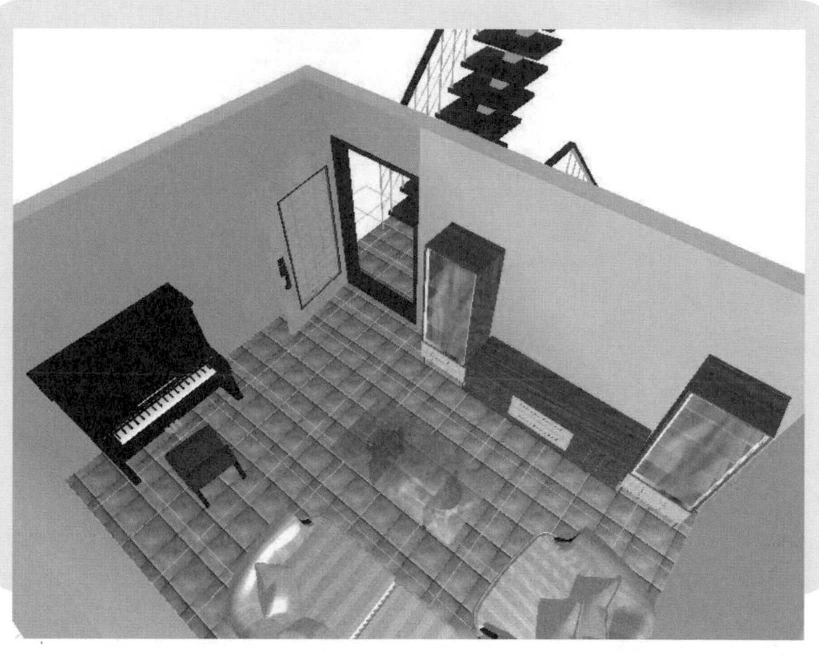

5、大門對樓梯

樓梯間之煞氣對門直沖而下影響家運，可在門上掛開光之山海鎮或八卦鏡。

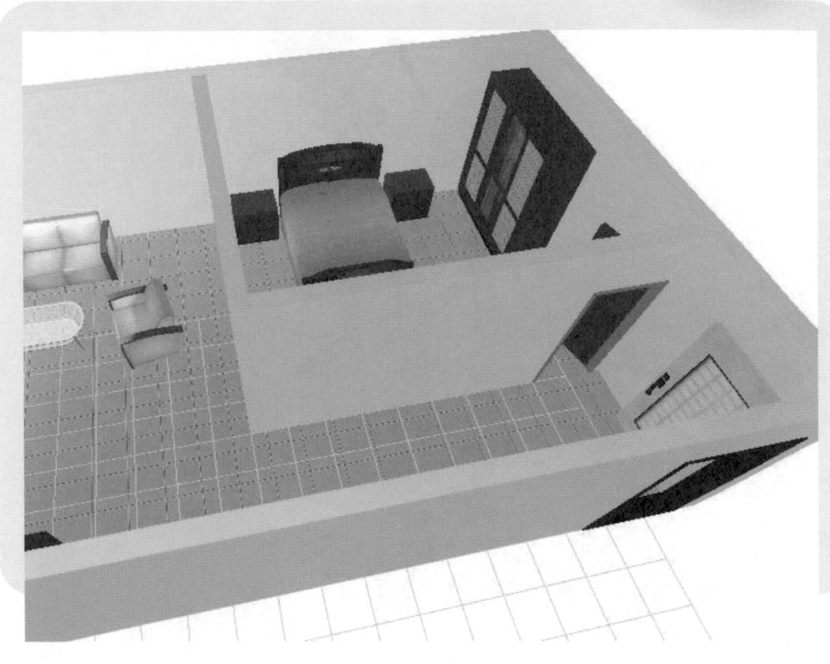

6、大門正對房門

大門一開，房內隱私被窺視無存，且門外之煞氣直沖房內亦不宜，更改房門之位置可解此困擾。

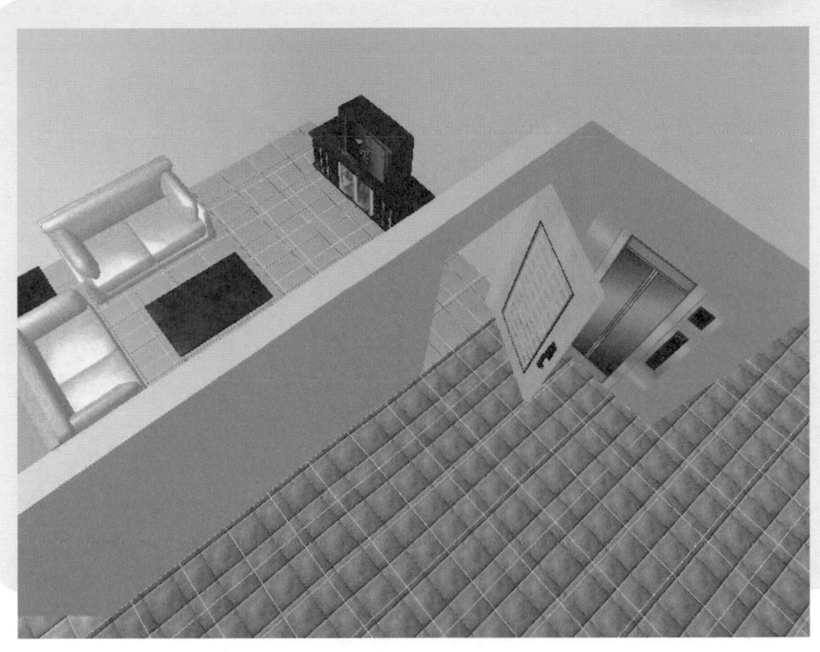

7、大門與電梯門重疊

開門時可能打到由電梯出來的人，造成血光之災，更改大門開啟之方向。

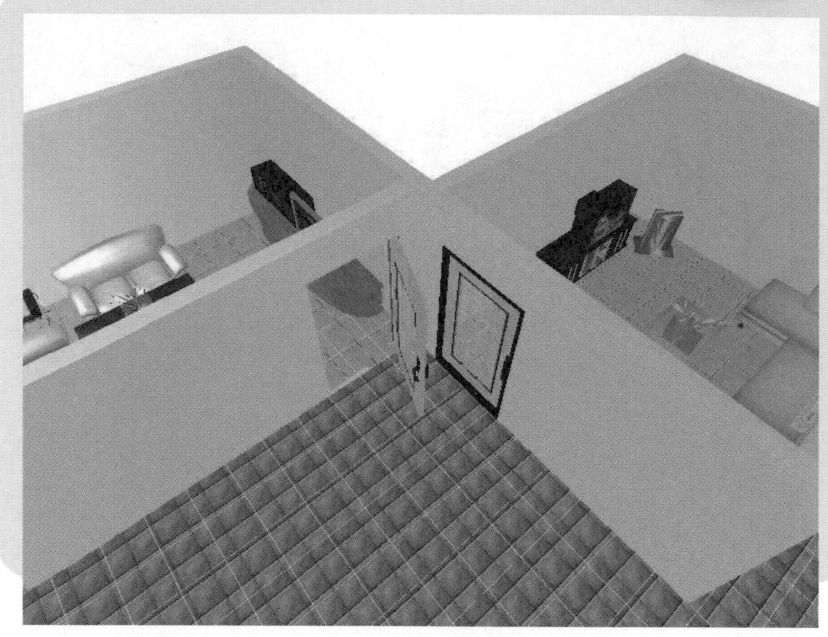

8、大門與鄰居大門互疊

兩門互擊，可能造成血光之災，宜變更大門開啟之方向。

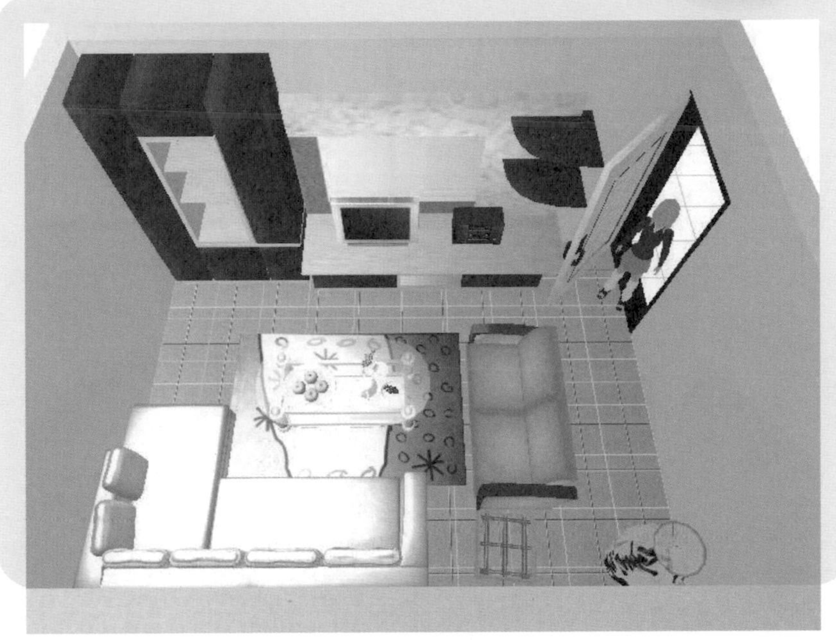

9、大門無法完全開啟

造成出入不方便，家運受阻，宜把屋內雜物清除，改善即可。

10、大門懸空

門前地氣浮動，恐有住不安穩，房屋異主之應，改善之法須把大門前填實。

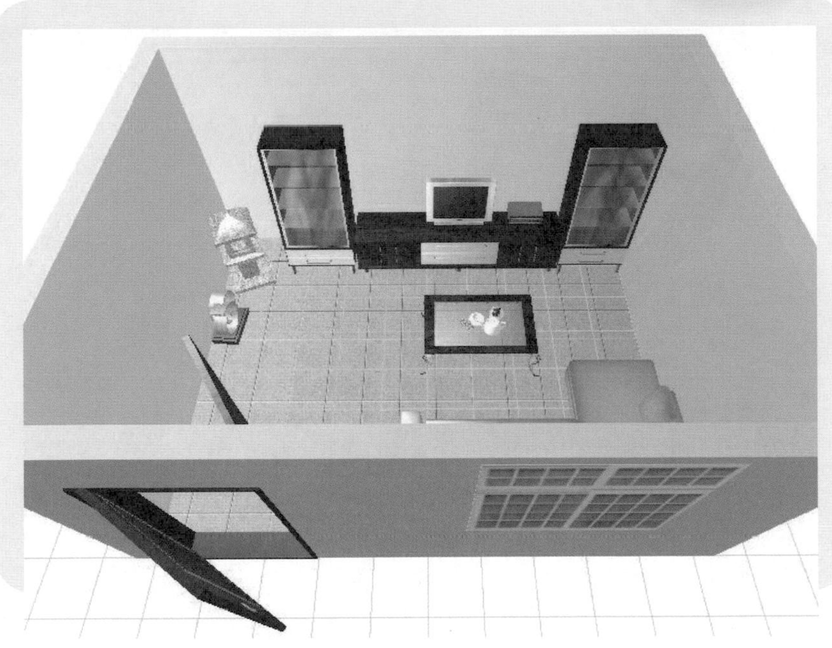

11、內外大門反背

入出不方便，影響較小。

12、出門見樓梯

將室內之氣場牽動而出，出入亦可能跌落，造成傷害，此格局甚差，可在門前築一輕牆，阻隔氣場直洩。

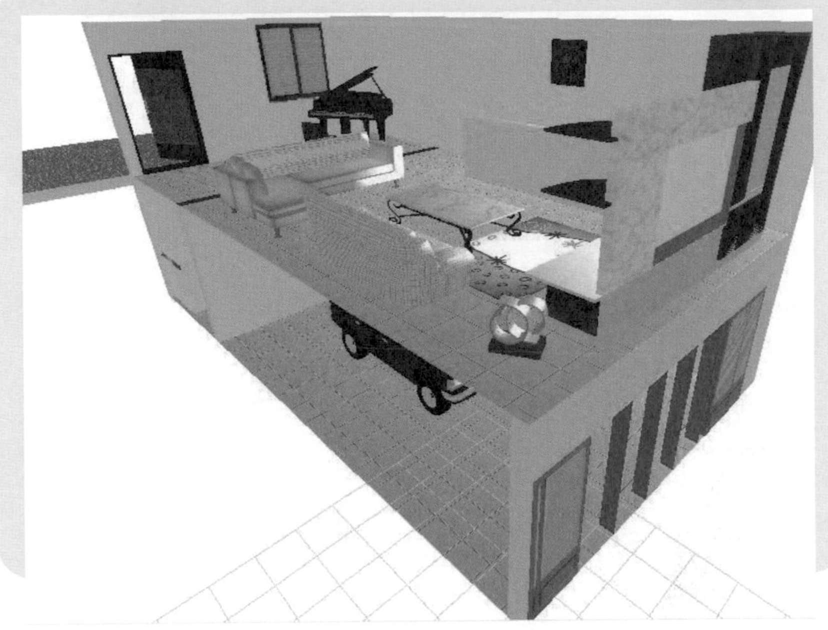

13、由後門進出

前門為出入口，走後門成習，久居，人意念轉邪，行事偷雞摸狗，小人行徑。

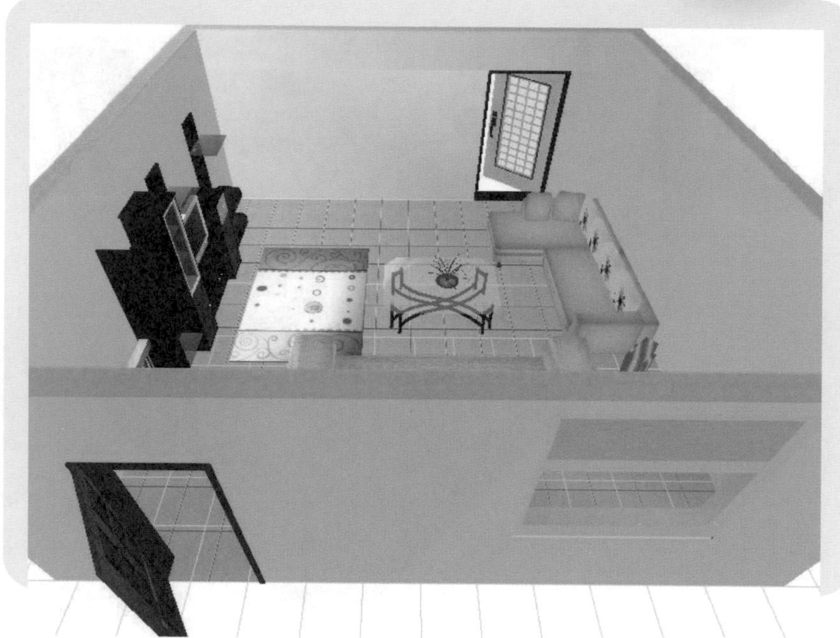

14、後門大於前門

前門屬陽、後門屬陰，陰陽必須調和，大進小出，前門宜大，後門宜小，必須更改此不良設計。

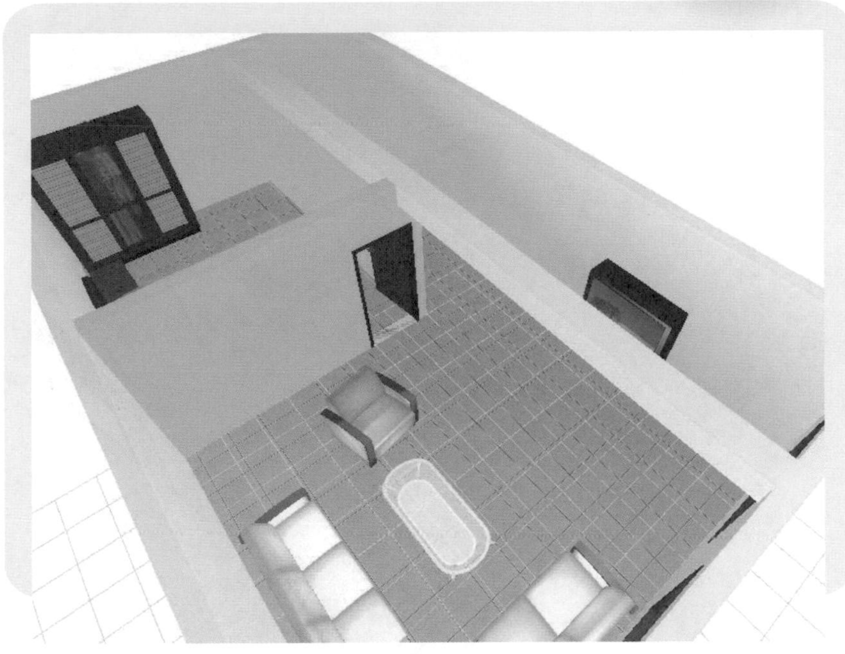

15、穿心煞

樑垂直門穿心而過，捶心肝之局，常有意外血光之災，上釘天花板遮蔽此樑，或能改善此缺陷。

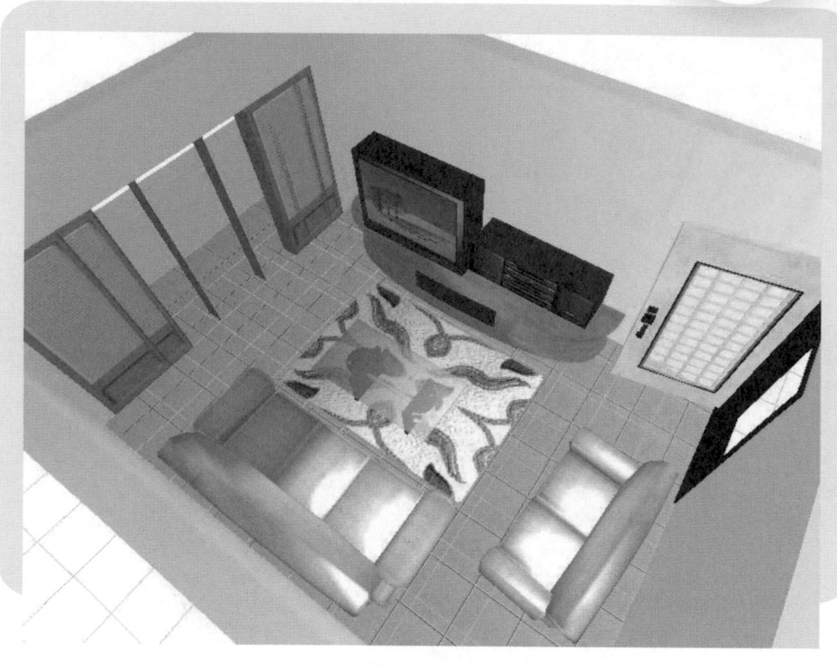

16、穿堂煞

氣場由大門往另端直洩而出，藏風聚氣之局破壞殆盡，必須建一輕牆或屏風阻絕。

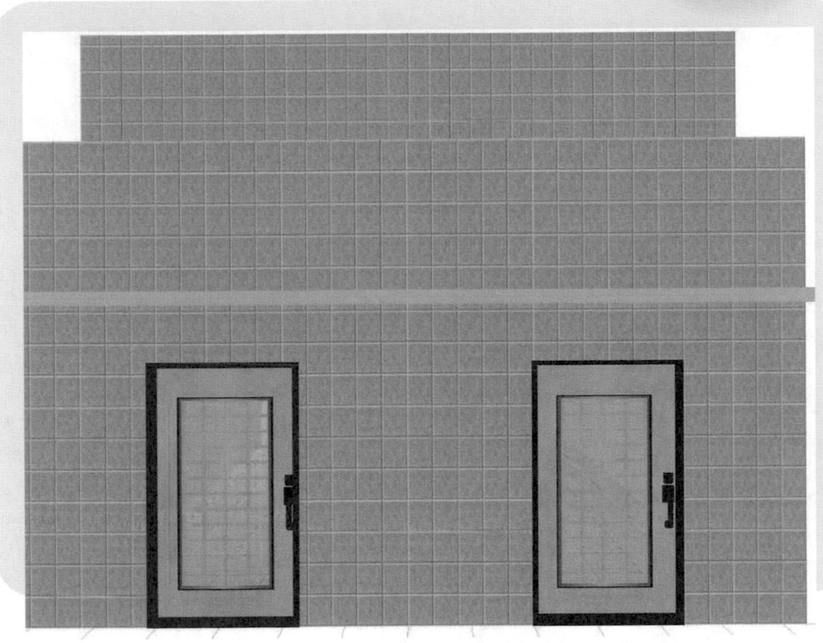

17、哭門

一牆開雙門，見異思遷，男女婚外情連連，各懷鬼胎，必須封掉白虎方之門。

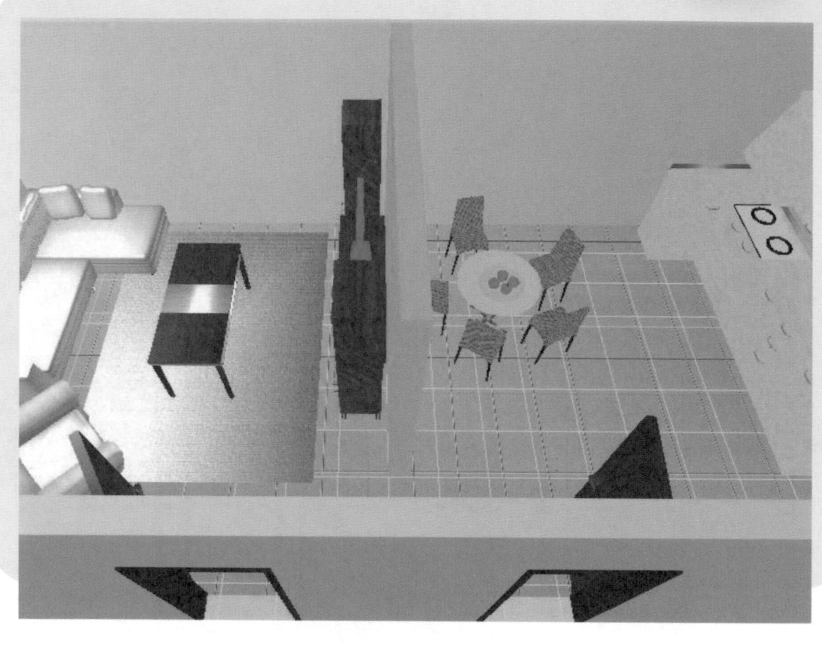

18、迴風煞

氣場循環，磁場不穩，又有哭門之虞，衰事連連，必須封掉虎邊之門，阻斷迴風循環。

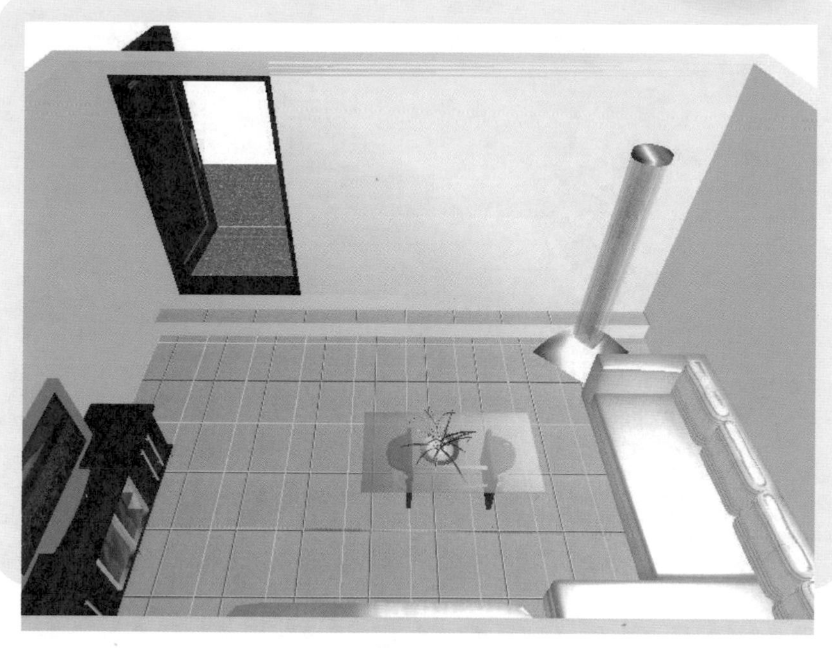

19、陷地門

屋內低，陽台高，屋內如浸水中，身心俱疲，傷財敗家，必須將屋內墊高或陽台地板降低。

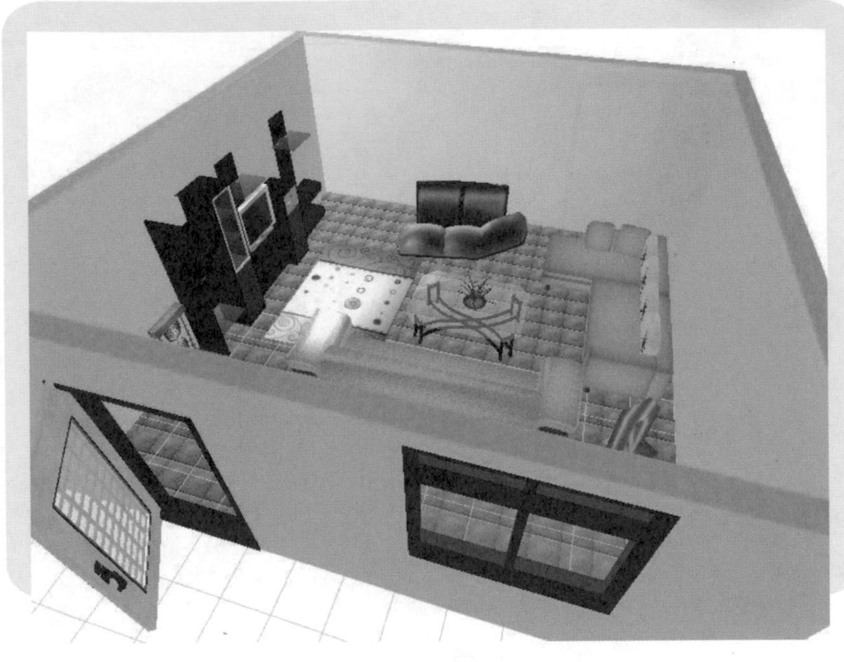

20、無後門

後陽台主女主人、小孩行運，無後門者對其不利，身體及財運皆不佳，宜適宜位置開後門或者另擇他屋。

21、開門見內梯

室內之氣場，隨樓梯衝門而出，主家運衰敗，而樓上之人亦可能翻落而下，造成傷亡，故入門處必須築一輕牆阻絕，或更換樓梯之位置。

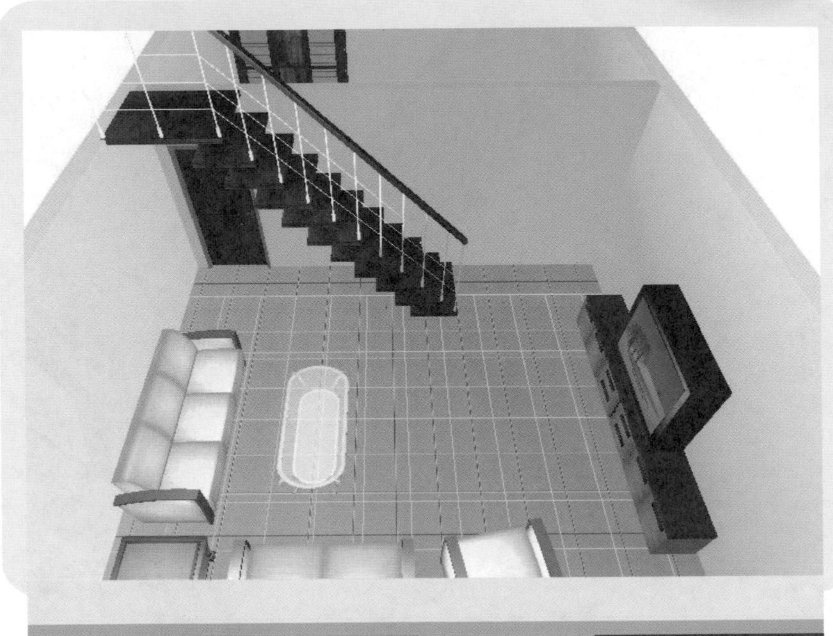

22、樓梯壓門

居住屋內之人易產生壓迫感、焦躁，久居易產生憂鬱症，不宜居人，但可設置廁所或儲藏室。

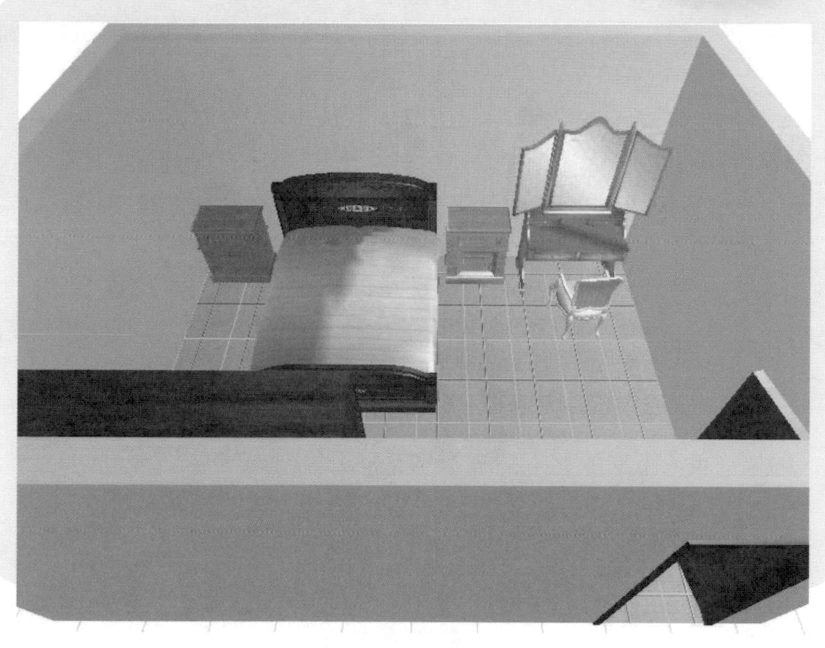

23、鏡子對門

鏡子反射屋內之景，又有異靈聚集之虞，故需改變鏡子之擺設位置與方位。

24、鏡門

反射對方之景，易聚集他靈，久之陰氣鼎盛，不利宅內之人，故宜封閉鏡面。

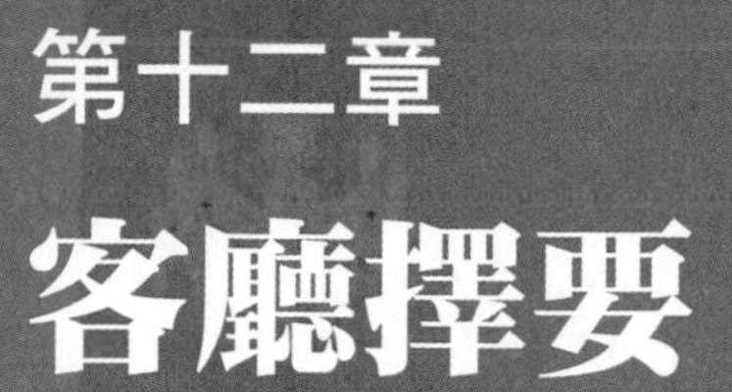

第十二章

客廳擇要

十二—一 客廳通論

1、客廳宜暖色系列佈置。

2、客廳代表陽宅之心臟。

3、客廳中央不可以設樓梯。

4、客廳之天花板宜平，不宜凹凸怪狀。

5、客廳不宜黏貼鏡面反射人影。

6、客廳大門之45度斜對角非財位，真正財位必須宅之生旺方位。

7、客廳擺設魚缸，必須遵守下列事項：

（1）缸以長方形、圓形為宜。

（2）魚缸之高度莫高過於人之心臟，亦不宜低於膝部。

（3）缸內之循環水宜往內。

（4）缸之方位依八宅遊年卦宜擺在生氣方或延年方。依三元陽宅法宜擺在生氣方、旺氣方。依玄空學派擺在失運衰方、零神方。

（5）魚缸勿對灶口，勿置於神位下或旁邊。

8、客廳山水畫，流水宜往內不宜往外。

9、客廳擺設之動物，船頭宜往內。

10、客廳不宜擺設劍、刀之類兵器，亦不宜擺設兇猛動物。

11、客廳不宜擺設假花之類裝飾品。

12、客廳宜窗明几淨，燈光柔和。

十二－二　客廳不宜之事項

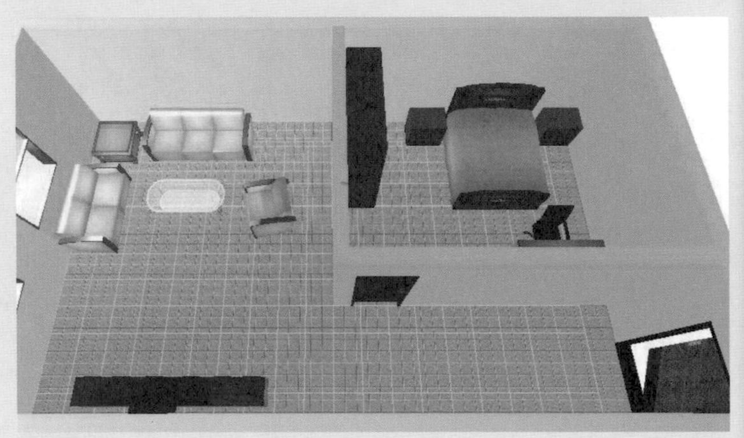

1、入門不見廳

客廳為一家聚會主要場所，入門不見廳，各懷鬼胎，向心力不強，感情不睦，對家運有不利影響。

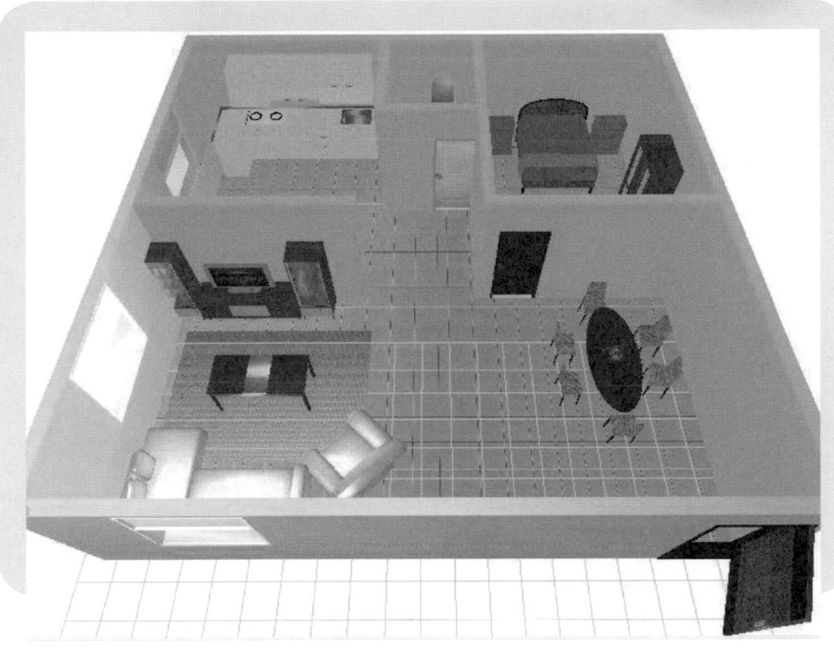

2、入門見餐廳

餐廳通常為財庫所在，而錢不露白，入門見餐廳，往往造成錢財被掠奪，破財之窘境，宜避之。

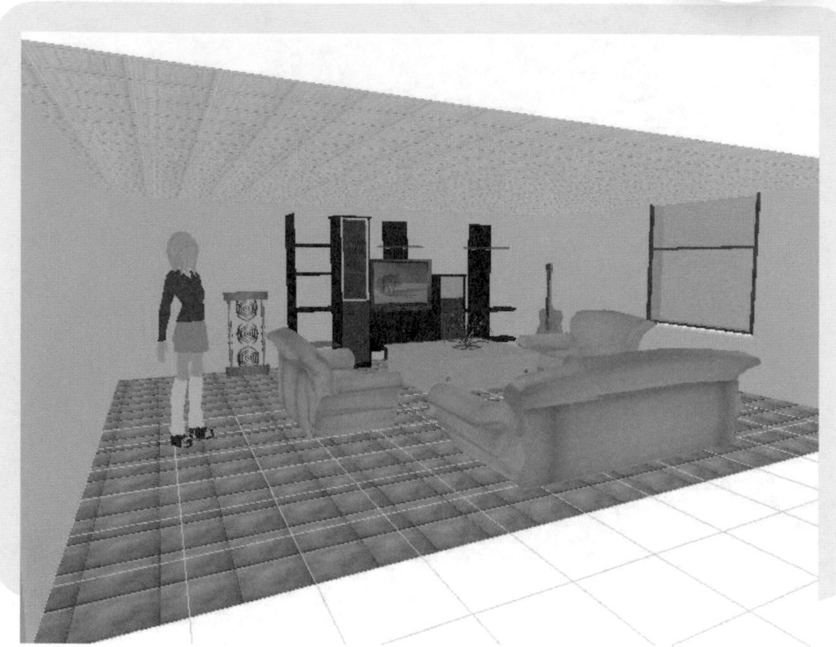

3、天花板過低

空間淨距離不足，造成壓迫感，身心受影響，久之，易產生憂鬱症。

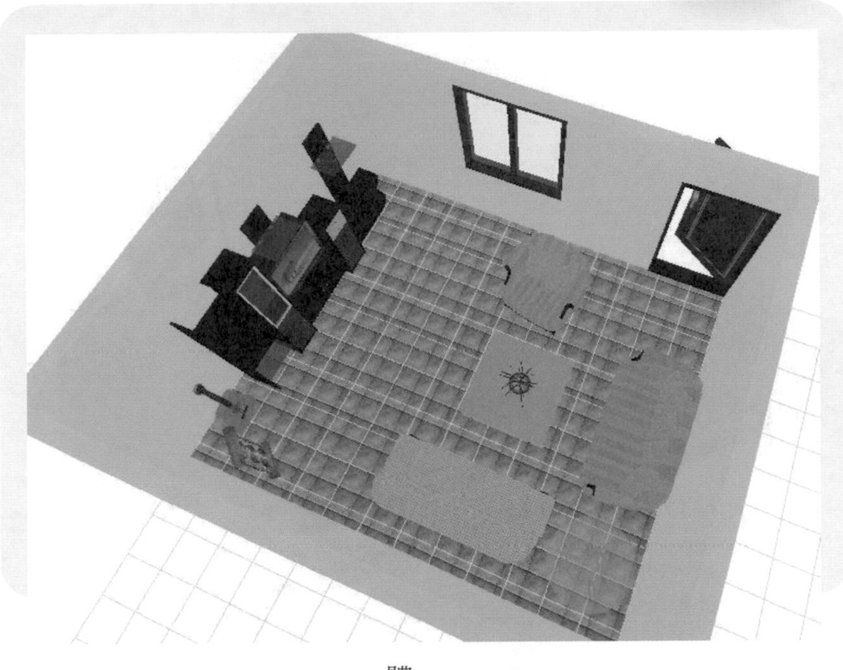

4、主沙發沖門

氣場直沖主沙發，不利主人之身體健康，更改沙發之擺設即可。

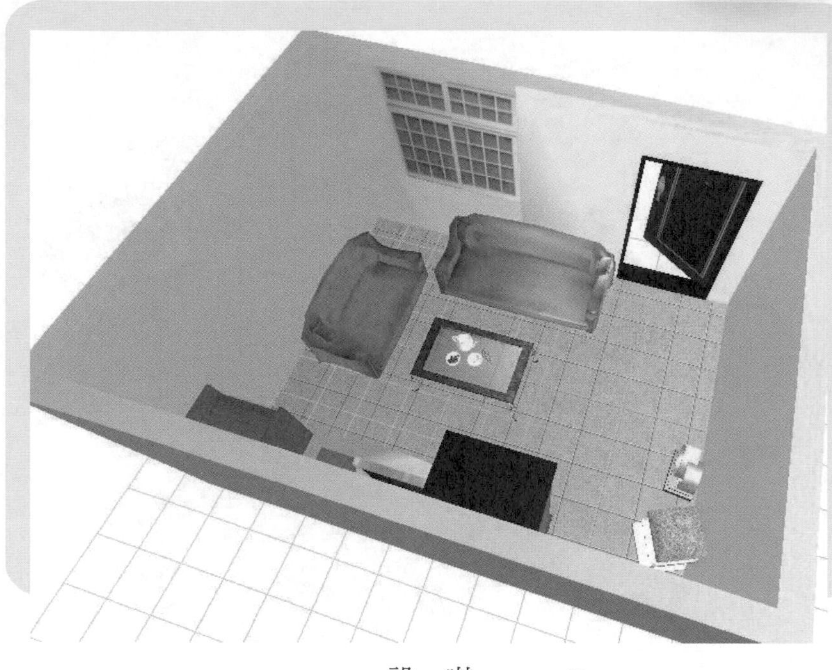

5、主沙發背門

坐於主沙發位置，易被開門驚嚇，造成心神不寧，更改沙發之擺設。

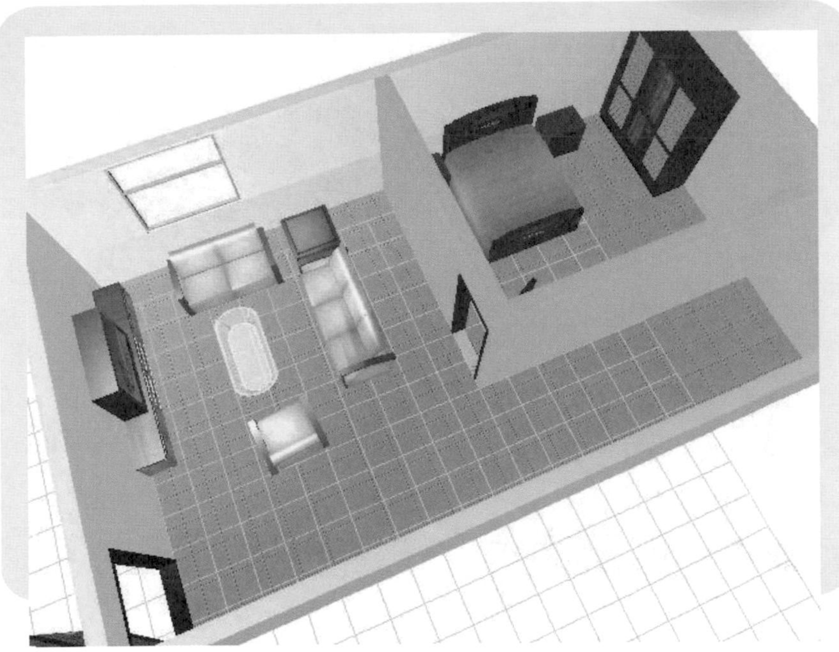

6、沙發背對走道

沙發背後無靠，且易被驚嚇，更改沙發之擺設。

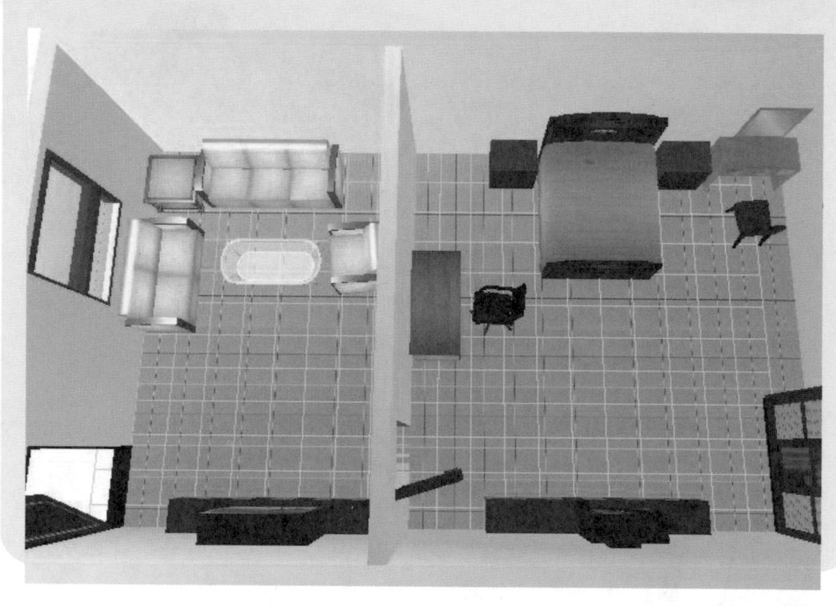

7、房大於廳

頭重腳輕之格局，家人感情不睦，自私自利，家運衰敗，宜避免。

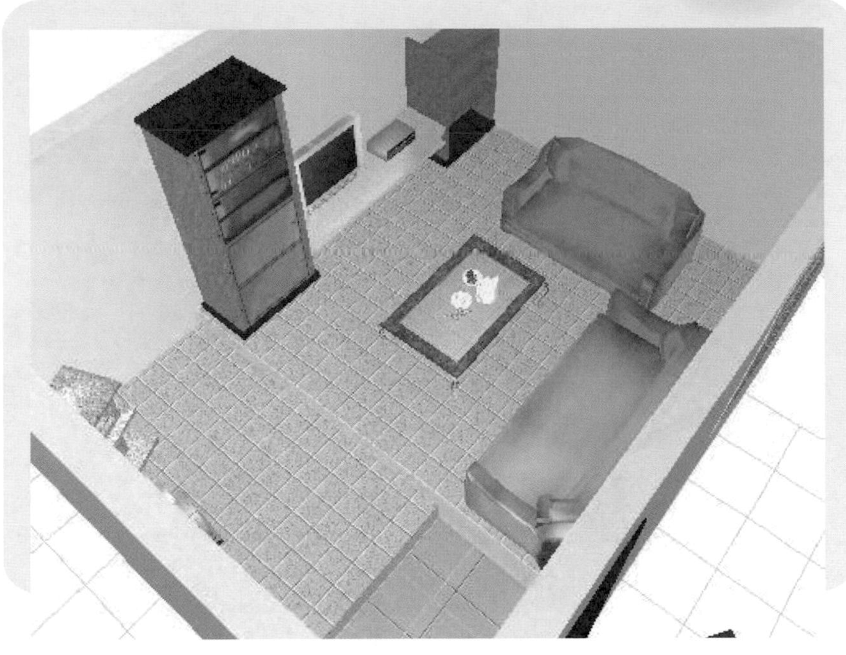

8、客廳地板不平

宅內之人前途易起波折，且夜間行走易摔倒，發生危險。

9、客廳無採光

室內空氣無法流通，陽光無法照射，潮濕、細菌滋長，易生病，家運衰敗，宜適當地方開窗。

10、陽台外推

前陽台為內名堂，代表宅中主人之前程，陽台外推雖可增加室內面積，利於使用，但陽台下氣場浮動，不利陽宅風水。

陽台外推前

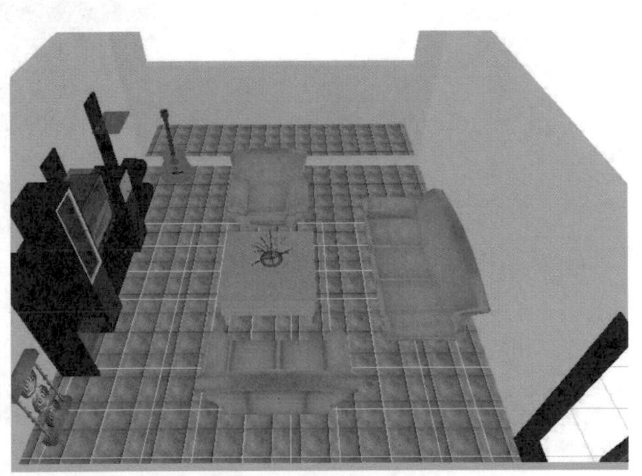

陽台外推後

第十三章

臥房擇要

十三─一　臥房通要

1、臥房宜擇四吉方，床位應合自己命卦之方位。

2、臥房內不可放置佛像、魚缸、石頭、雕像或兇猛動物。

3、床墊不可置於地面上，宜有適當距離。

4、床位切忌斜置，必須擺正。

5、宅中有孕婦，欲移動床位，必須擇吉日。

十三—二　臥房中必須避免之情況

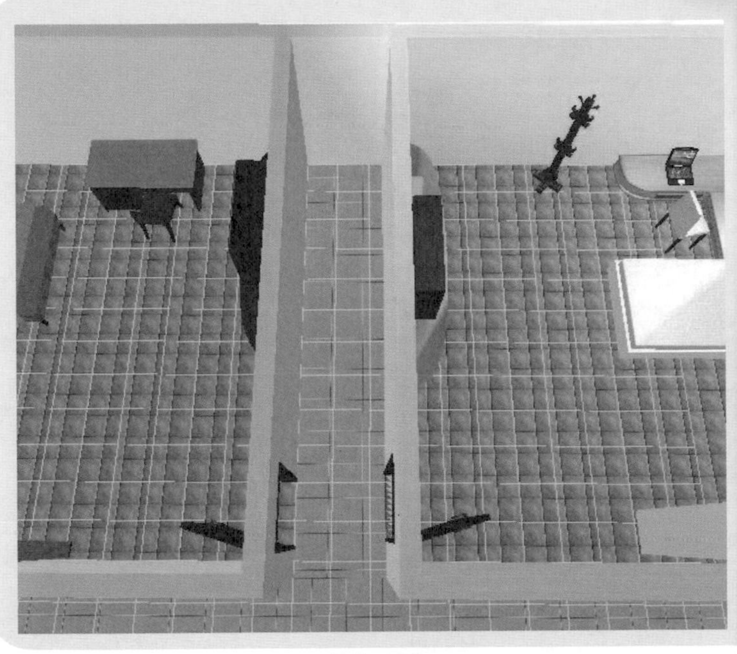

1、房間門對房間門

兩房門互對為鬥口煞，居住其中易產生口角、爭執，感情不睦，必須兩房門掛厚門簾，或更改門之位置。

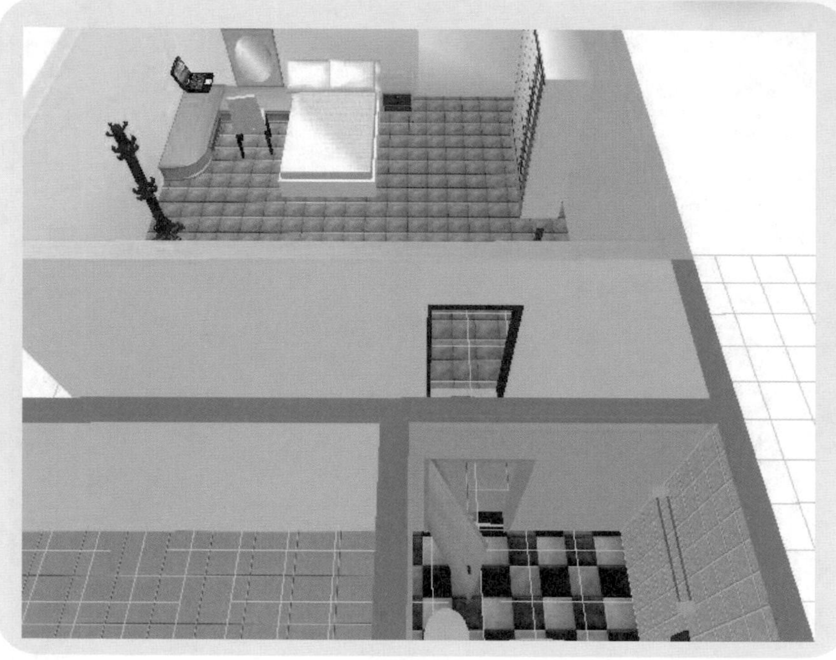

2、廁所門對房門

廁所為穢氣聚集之所，廁內之穢氣直沖房內，易產生疾病，更改廁所或房門之位置，若不允，則需常緊閉廁所之門。

3、廚房門對房門

廚房所產生之雜氣、蟲鼠侵入房內，易造成疾病產生，更改門之位置方是上策，若未果，需緊閉廚房門。

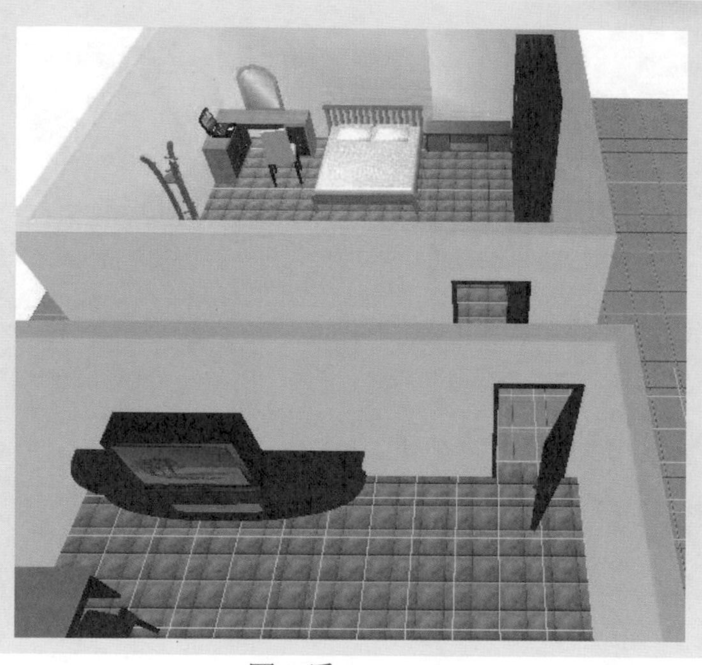

4、房門與房門互切

產生壁刀煞，易產生血光之災，房門位置設置時須謹慎，移動門之位置方是上策。

5、床位正確擺法

（1）床頭櫃緊靠牆。

（2）牆上不可掛大型照片。

（3）床頭不壓樑。

（4）床頭兩側有矮櫃，代表貴人。

（5）床前不可對門或窗。

（6）床前若有電視，使用後插頭必須拔除，用布蓋住。

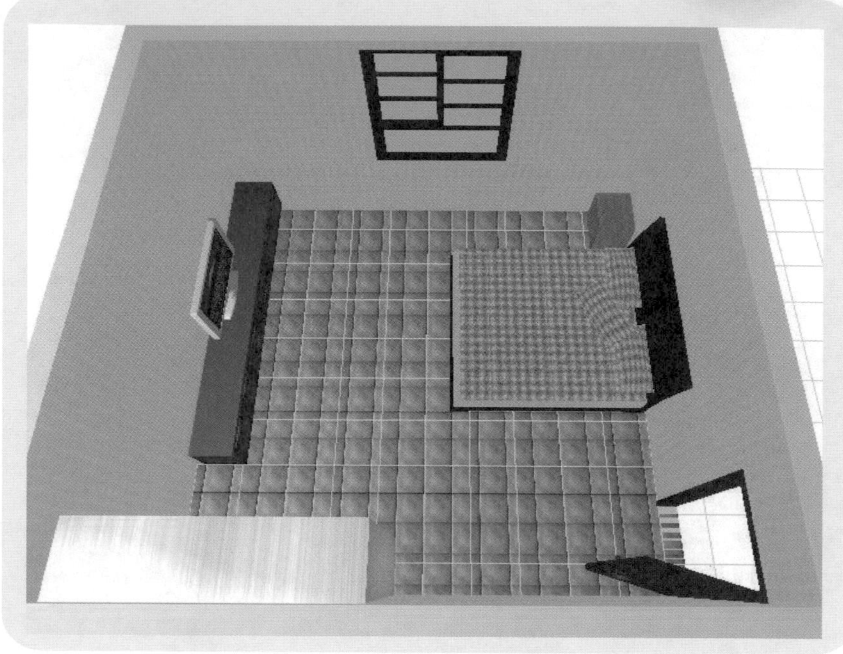

6、床頭背門

開門震動，聲響易驚嚇床上之人，更改床之擺設方位。

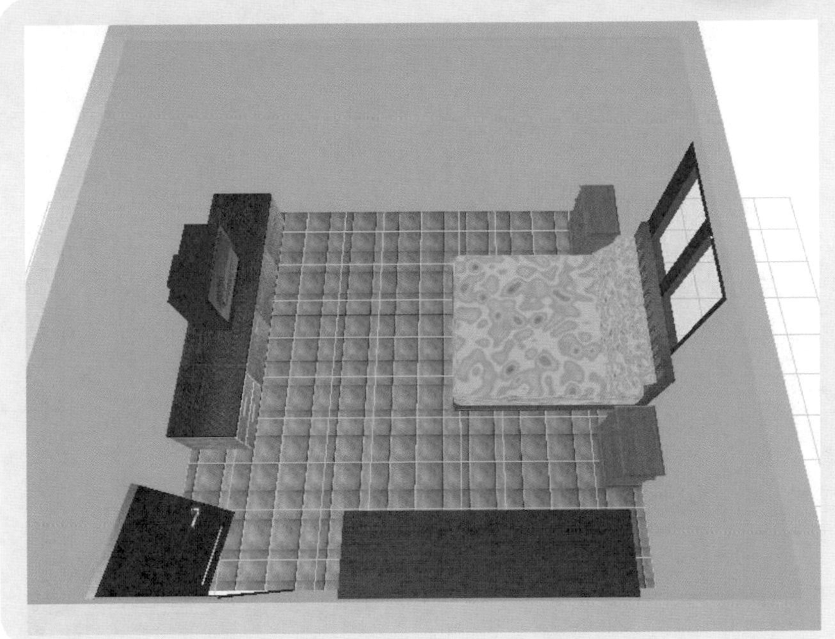

7、床頭開窗

床後氣場流動，處於不穩狀況，久睡心神不寧，腦神經衰弱，憂鬱症，更改床之方位或封閉窗戶。

8、床頭壓樑

無形壓力臨頭，睡眠品質不佳，易產生腦疾，憂鬱症，設天花板或梁下設一道牆。

9、床沖門

氣直沖床，依相沖之位置，產生不同疾病，沖頭腦疾，沖腹內臟受損，沖腳骨折、腳疾，更改床方位或門前隔一輕牆或屏風。

10、房門對往下之樓梯

房內氣場直洩而下，房內之人運勢也隨之而下，疏忽時易滾落樓梯，造成傷害，宜避之，或更改房門之位置。

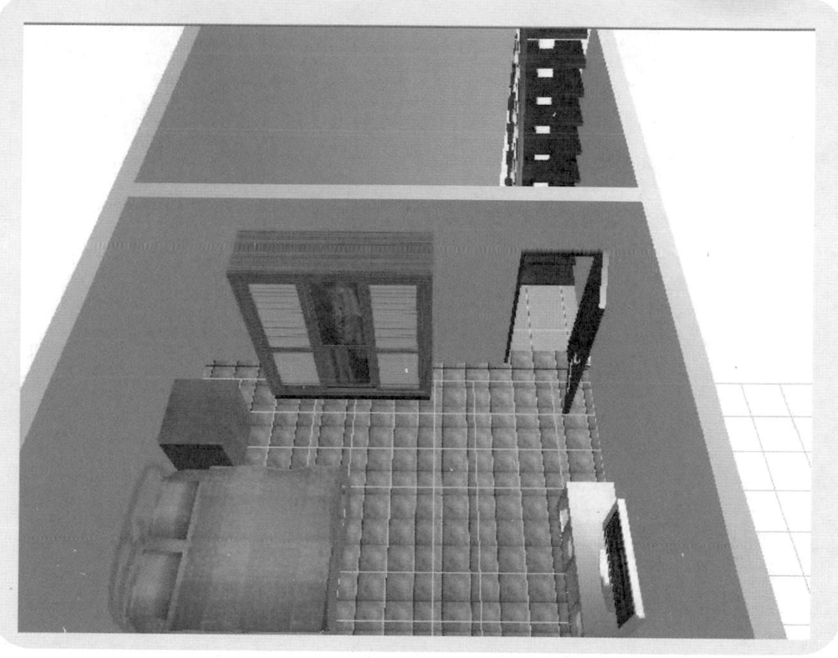

11、房門對往上之樓梯

樓上之氣直沖而入房內，變動磁場，家運變動難平，宜避之。

12、房間緊鄰廚房

床頭緊鄰爐灶，久之脾氣爆躁，難以安眠，易生躁鬱症，更改床方位或爐灶方位，未果時需床頭後另隔一片牆，牆與牆必須有間距，可改善。

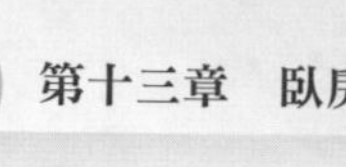

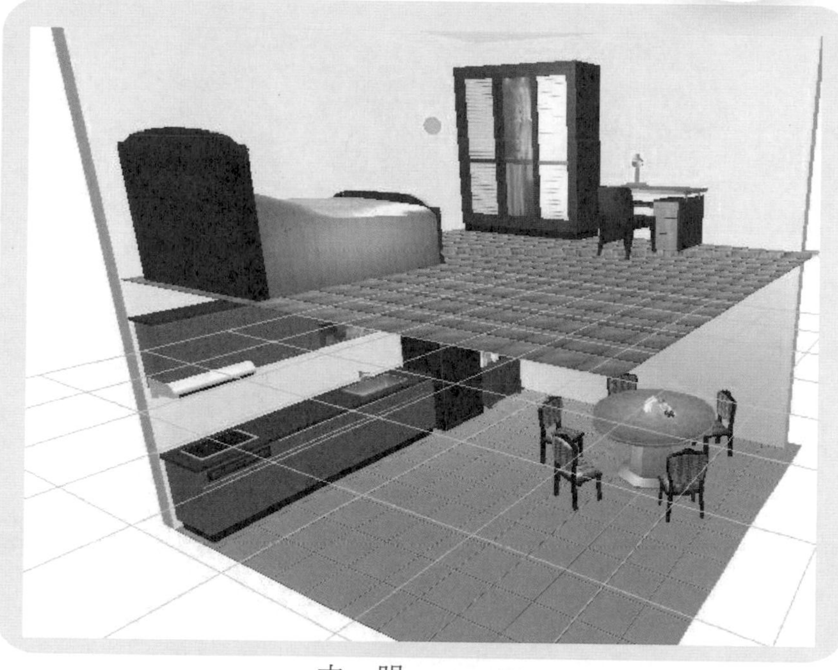

13、房間下面為廚房

若床下為爐灶，易生火烤靈魂，躁鬱症臨身，更改床之位置可改善之。

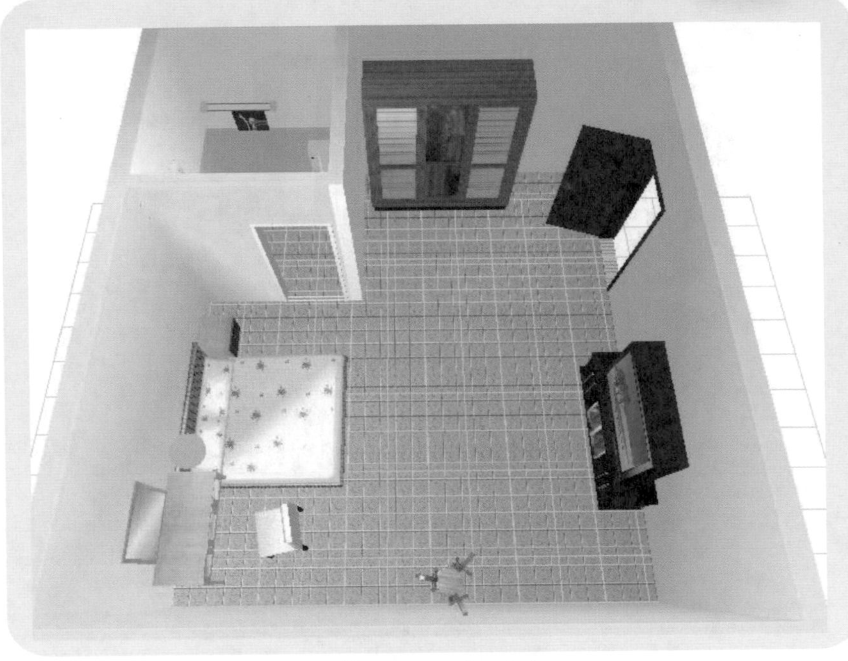

14、廁所門沖床

廁所穢氣沖床易生疾病，門前築一輕牆、屏風阻絕，可改善，或更改床之方位。

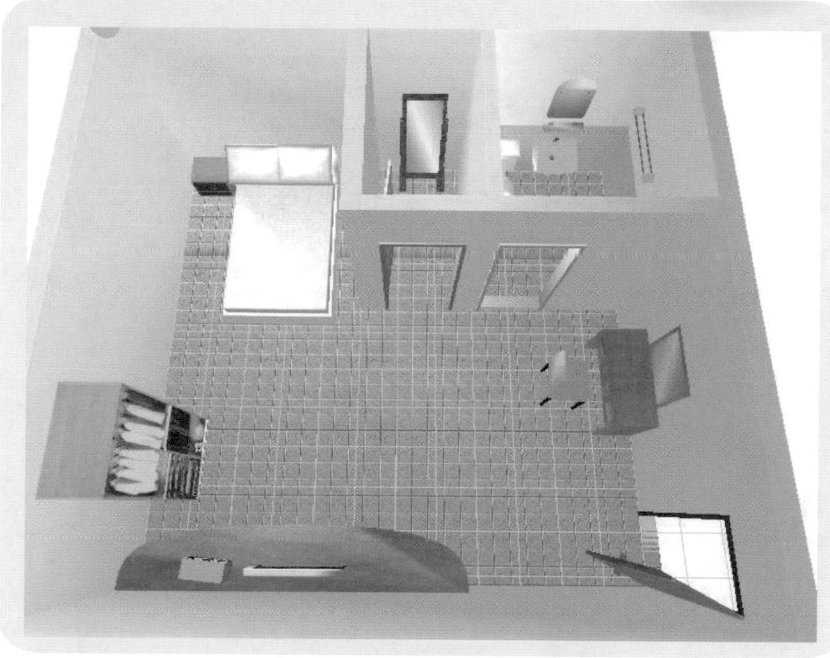

15、房中房

房中房，必生二房，小房之面積達到房間五分之二稱之，男女易生婚外情，拆更衣室之牆或縮小面積，可改善。

16、騎樓上之房間

磁場在變動狀況，缺乏藏風聚氣之風水格局，不宜當主臥室、書房，可當儲藏室、客房之用途。

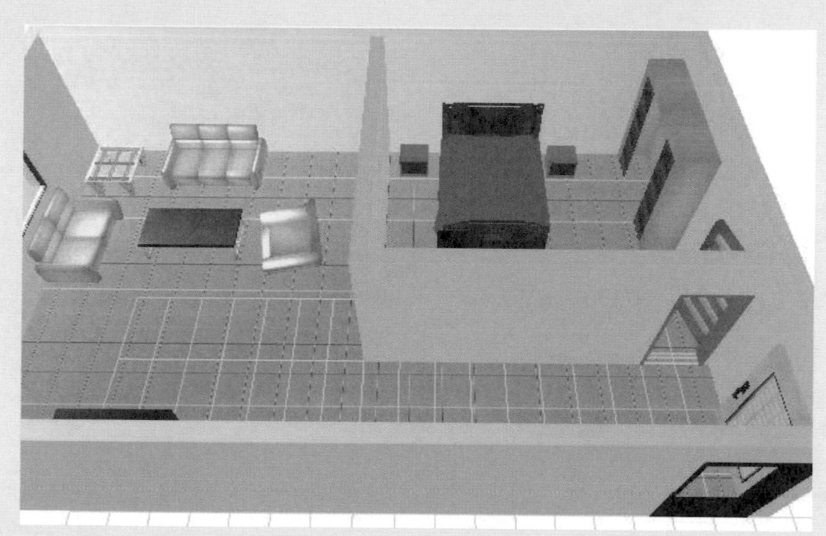

17、大門正對房間

房內隱私一覽無遺，非佳之風水格局，入門宜見客廳。

18、一箭穿心煞

大門之氣場，沿著通道直射最後房間，通道愈細、影響愈大，易產生血光之災，可在通道入口築一輕牆，或設一拉門阻絕。

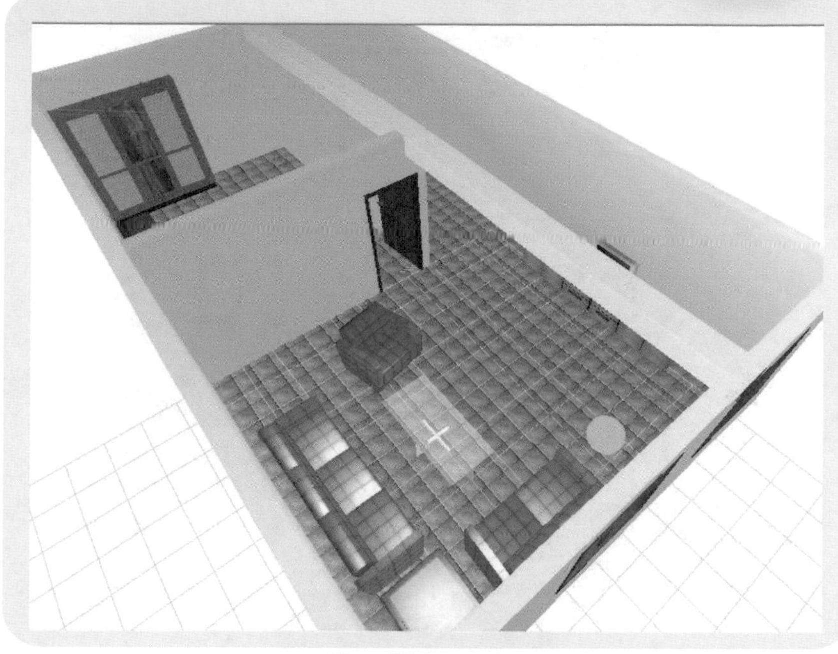

19、穿心煞

樑90度直射門而過，易產生捶心肝之憾事，除了鋪設天花板外，其他改善效果不佳，選擇陽宅時宜注意。

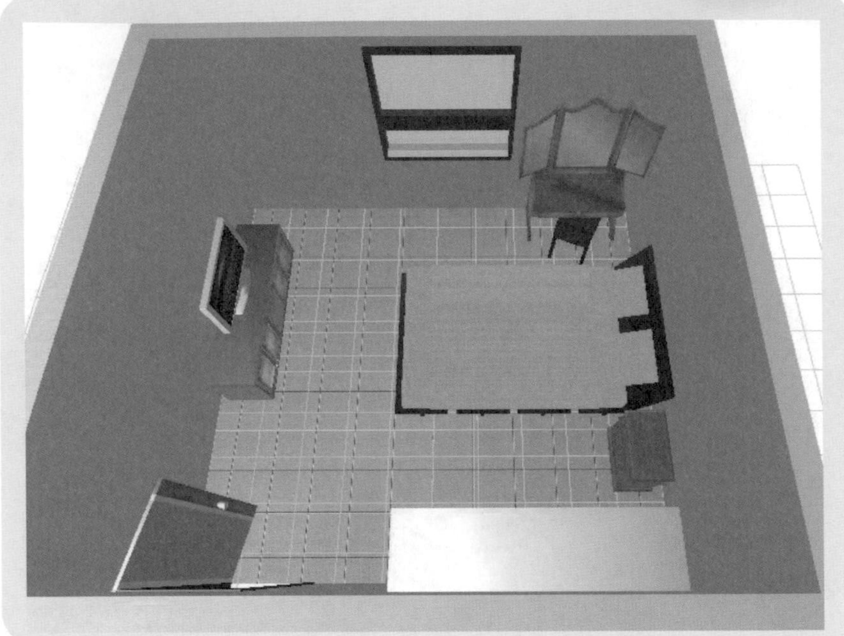

20、鏡對床

半夜醒來，往往被鏡中影像嚇到，鏡子易聚陰，更改鏡子之方位，可改善。

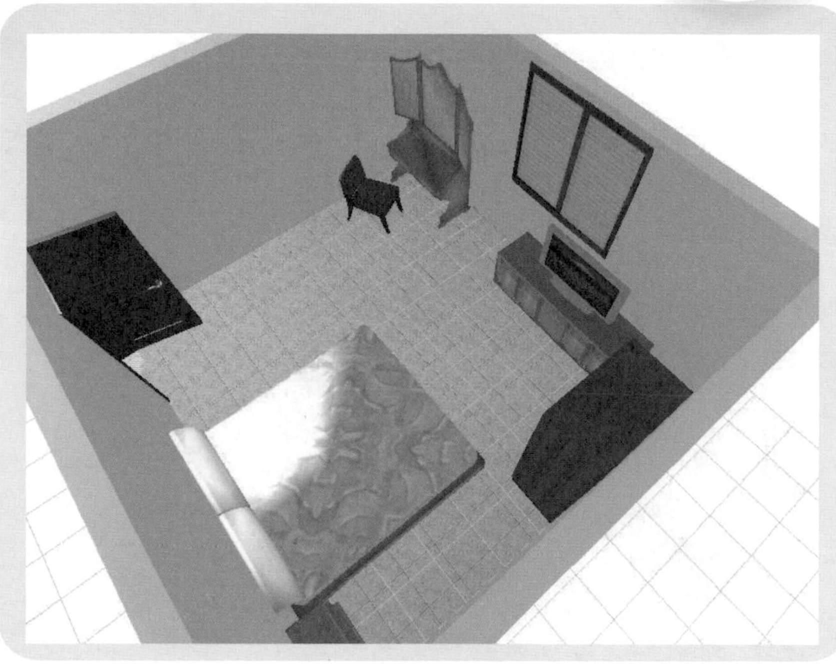

21、鏡對門

將房中之私密反射而出，不利居家生活，更改鏡子方向即可。

22、床頭無靠

床頭無靠，氣場迴盪，睡不安穩，精神耗弱，易生憂鬱症，床頭必須有靠。

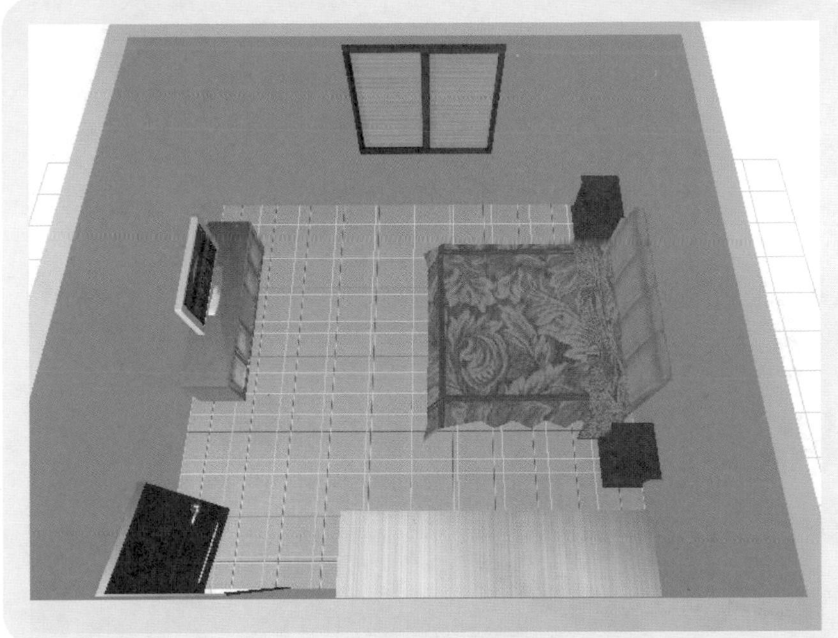

23、電視對床

電視反射電磁波，電視亦是鏡子，影響健康狀態，拔除插頭，電視蓋布即可。

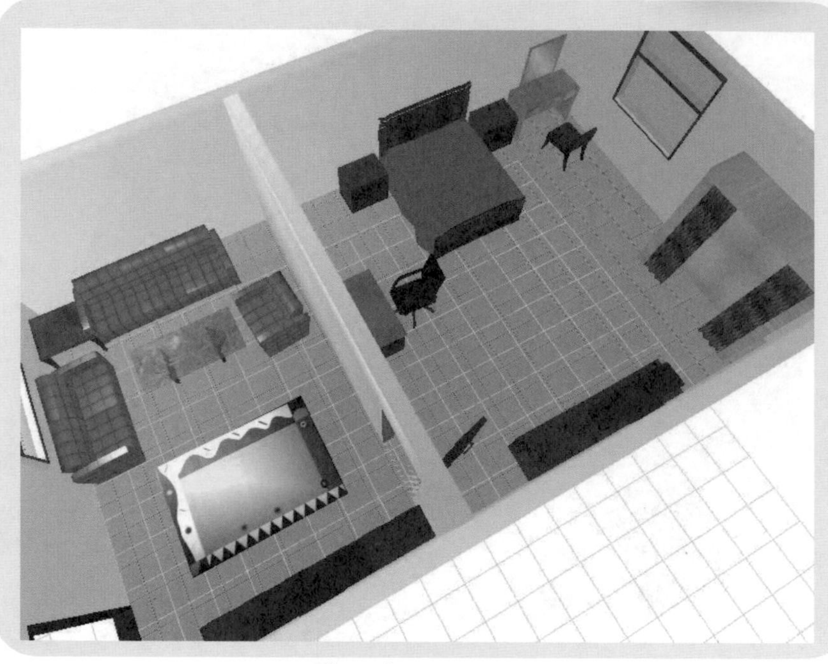

24、房大於廳

代表住此屋之人，自私自利，家人感情不睦，陽宅中客廳之面積宜最大，選擇陽宅時宜注意。

25、床頭靠廁所牆面

易受廁所穢氣，細菌影響，產生腦神經衰弱、腦疾，宜更改床之方位。

26、床頭掛結婚照

極像靈堂之擺設，不利夫妻情感，亦不利家運，宜更改照片之擺設位置。

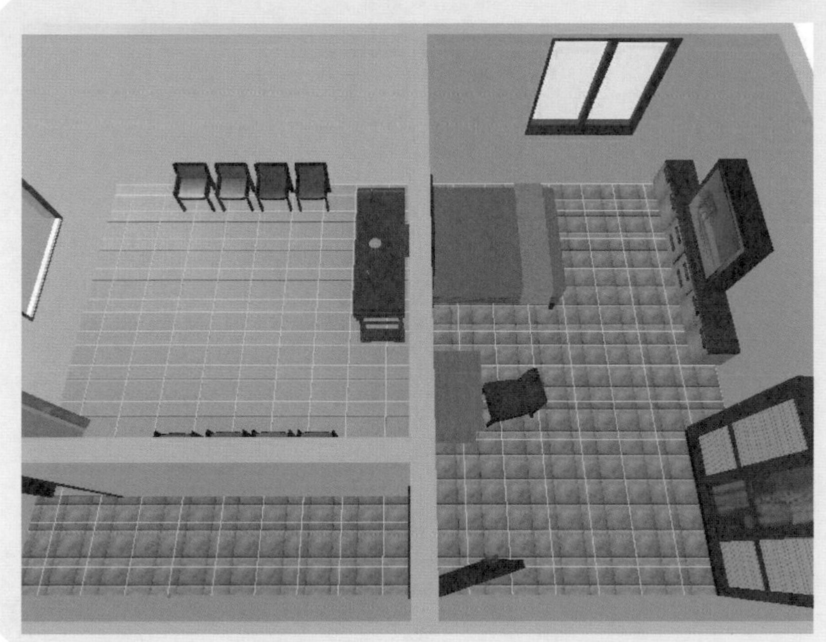

27、床頭靠神桌

易受神位磁場干擾，久之精神疲憊，元神喪失，事業敗退，宜更改床之位置，遠離神位。

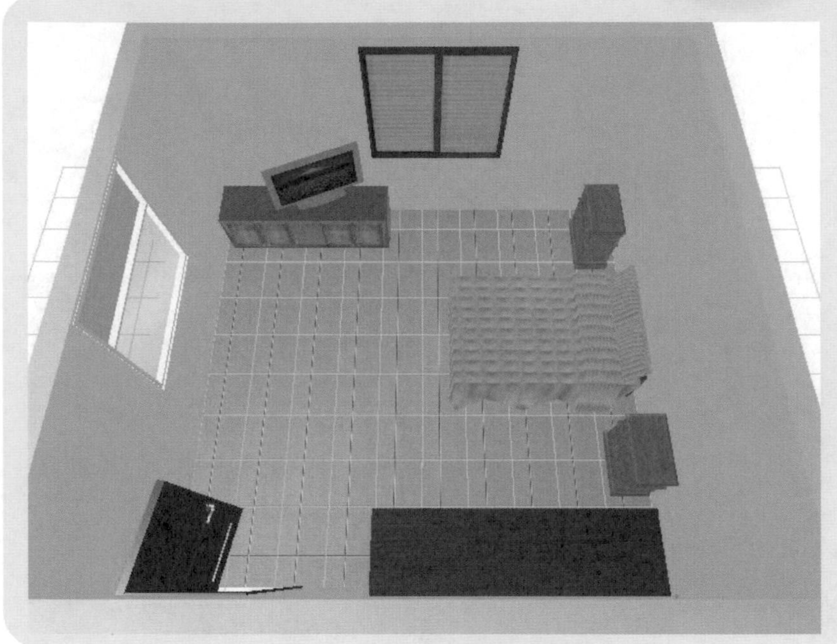

28、床尾朝窗

陰之睡法且隱私盡露，男女易生淫蕩個性，更改床之方位。

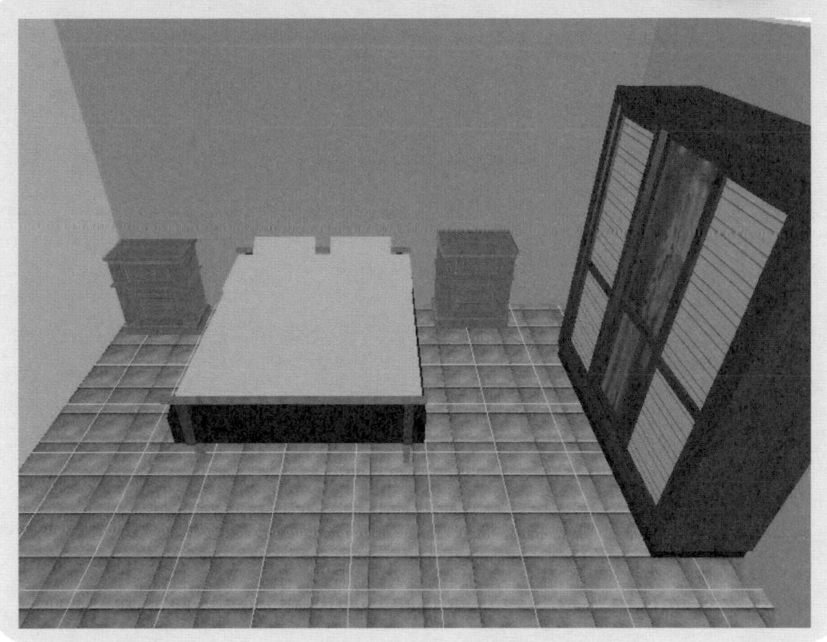

29、無床頭板

缺乏靠山，不利事業前程，頭受牆溼氣，產生腦疾，增加床頭櫃即可。

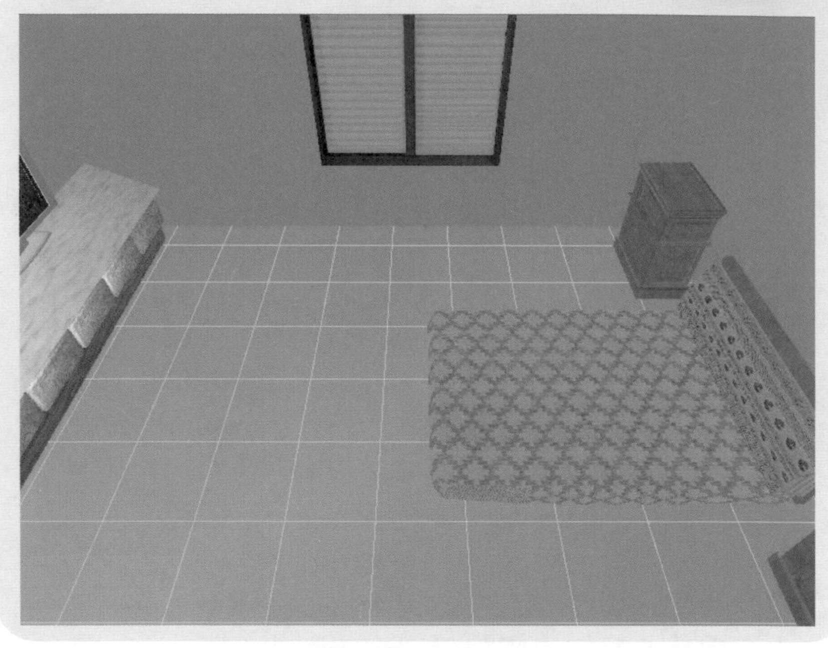

30、床墊直接置於地上

地板溼氣滲透床墊且床墊發霉，產生細菌，不利健康，須把床墊墊高。

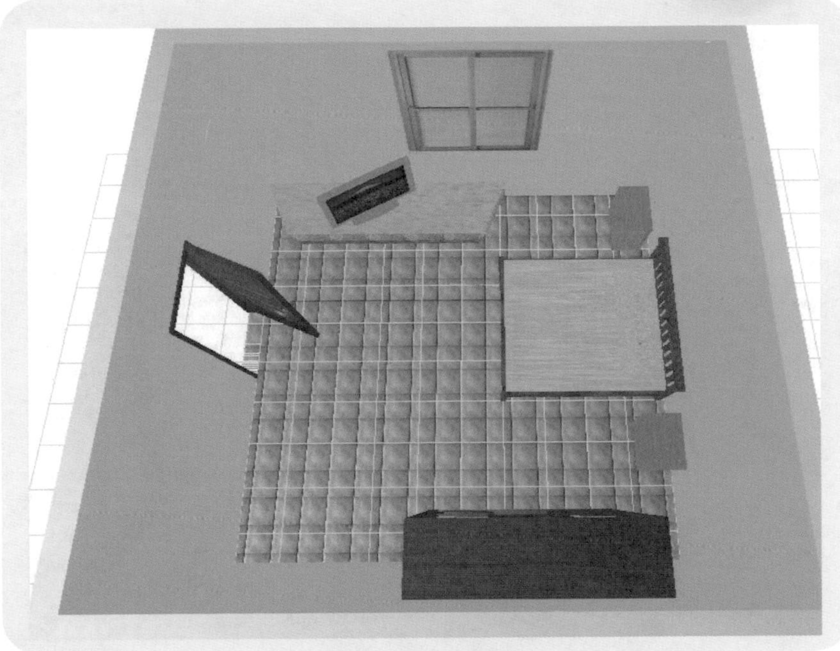

31、床尾朝門

陰之睡法，隱私盡露，主男女淫蕩之局，爛桃花朵朵開，終日為情所苦，更改床之方位極為重要。

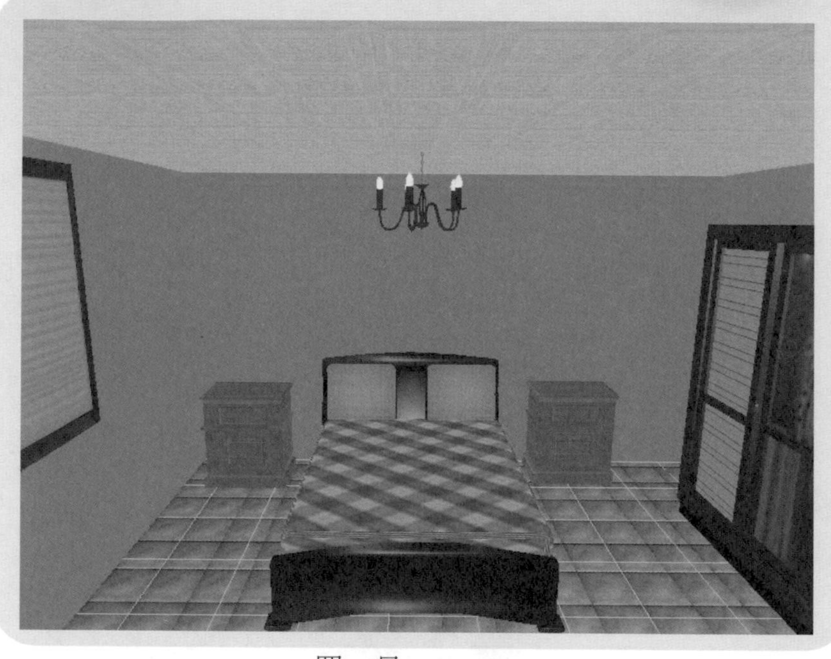

32、燈壓床

燈若不牢固或地震，燈具墜落，易傷床上之人，故燈具之型式、位置、牢固必須加以考量。

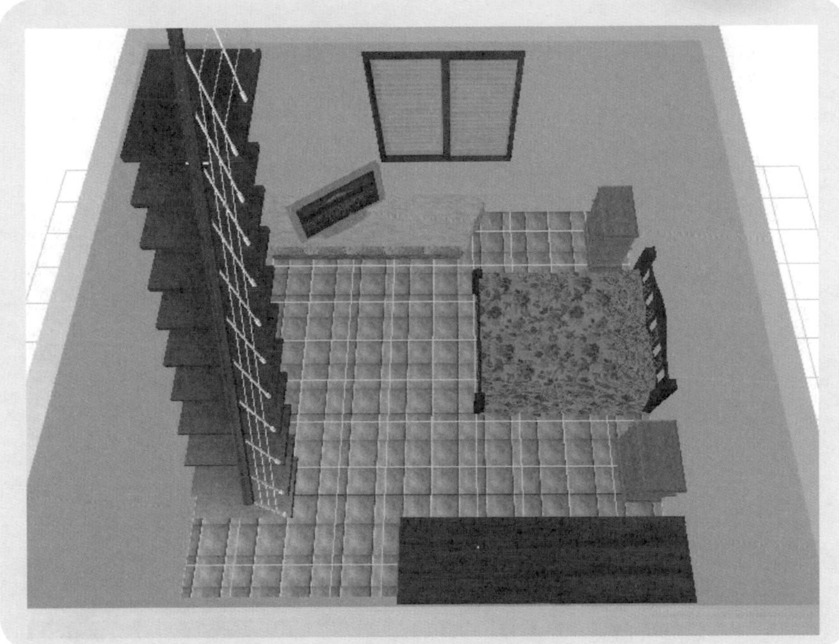

33、房間中設樓梯

臥室之氣，必須穩定，而樓梯直入房中除了氣場震盪，且易對房中人產生驚嚇，宜避之。

34、吊扇壓床

風扇產生之迴風，床上之人易生疾病且吊扇墜落傷人，床上不宜安裝吊扇。

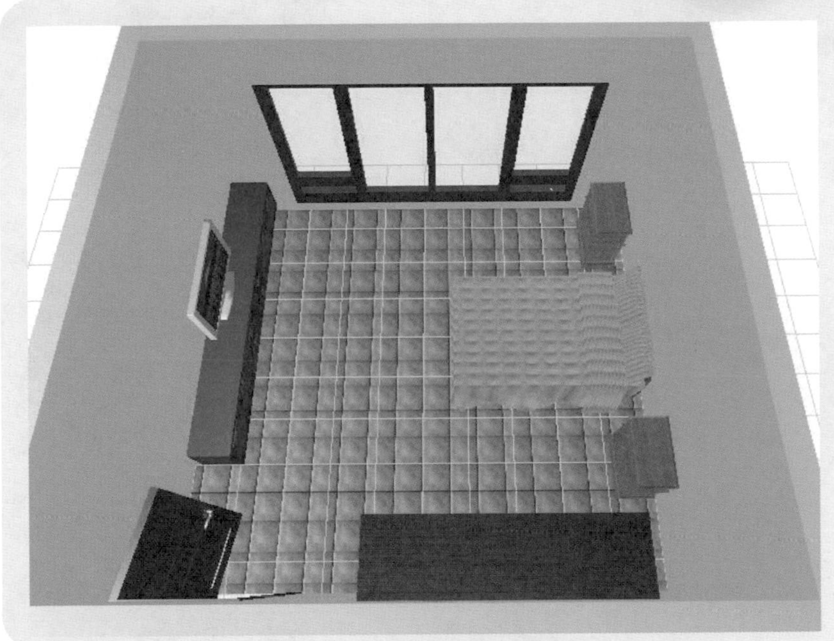

35、窗戶過低

造成隱私外露，宜用窗簾改善之。

第十四章

書房擇要

十四－一　書房通要

1、書房需要寧靜之環境，須遠離玄關、客廳、廁所、廚房。

2、書房之位置須取文明之象，宜整齊、乾淨。

3、書房以五鬼、生氣方為最佳。

4、餐霞道人：書房宜在本宅一白四綠方上。

5、凡都、省、府、縣、鄉、村、文人不利，不發科甲者，可於甲、巽、丙、丁，四方位擇其一，立一文筆尖峰，只要高於他山，即發科甲。

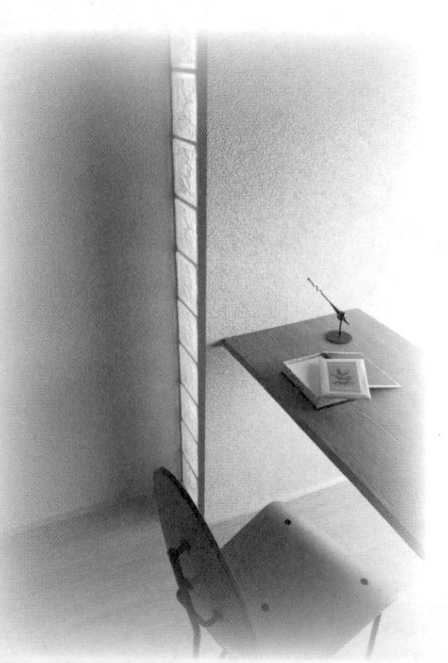

十四—二　書房宜避免之事項

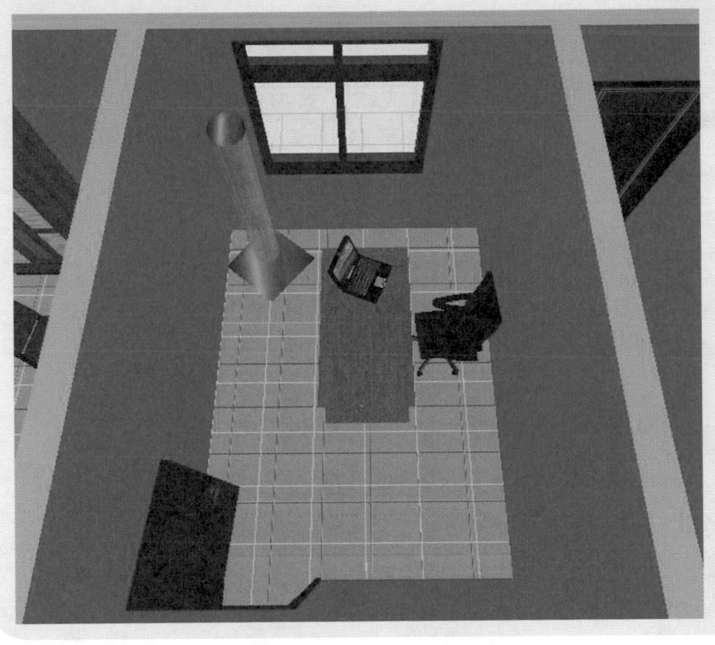

1、書桌之正確擺法

（1）書桌背須有靠

（2）書桌上不可壓樑

（3）書桌前必須有明堂

2、書桌壓樑

文昌之位上有無形壓力，文明之氣無法上升張揚，事倍功半，宜更改書桌方位。

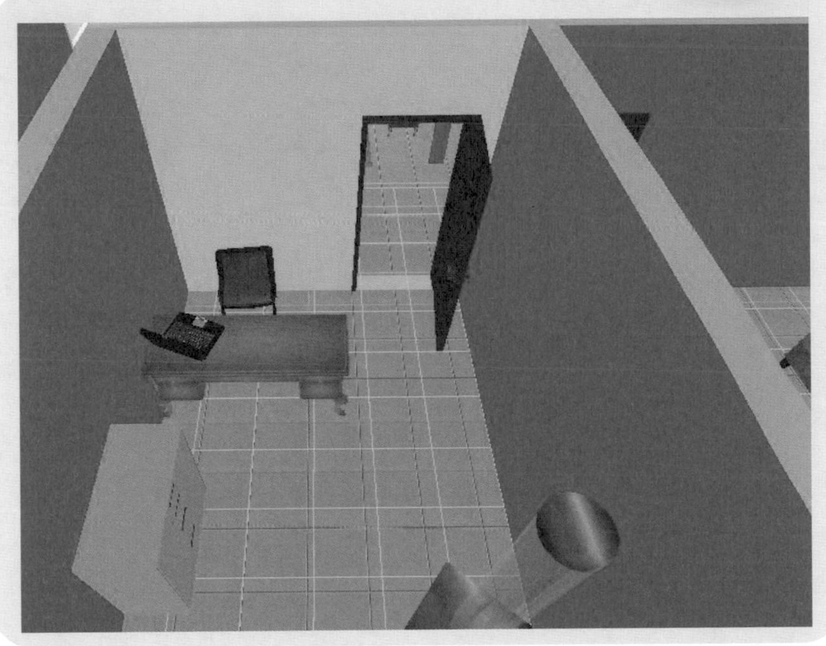

3、書桌背門

氣場處於不穩定狀態而專心勤讀之際，背後突開門易受驚嚇，宜更改書桌之方位。

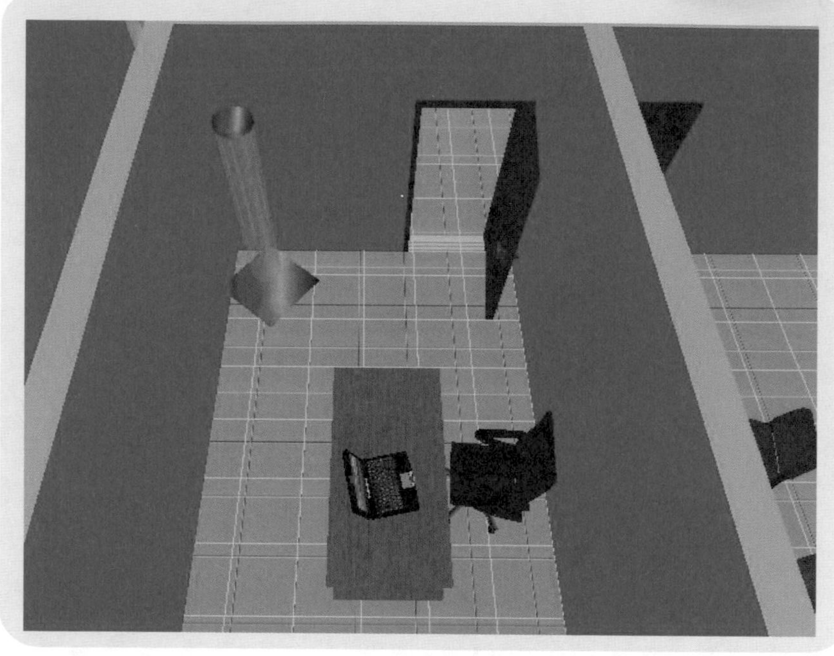

4、書桌沖門

氣直沖而入，磁場紛亂，學子不易專心，宜更改書桌位置。

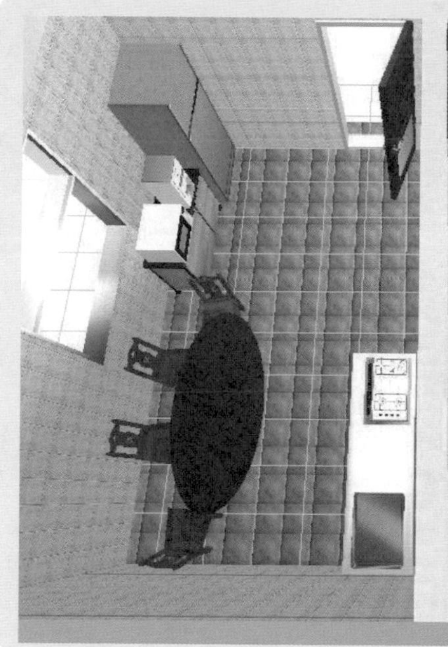

5、書房緊臨廚房

廚房雜氣影響文昌娟秀之氣，不宜，更改書房位置，未果書桌不可緊靠爐灶，否則學子心浮氣燥，脾氣火爆。

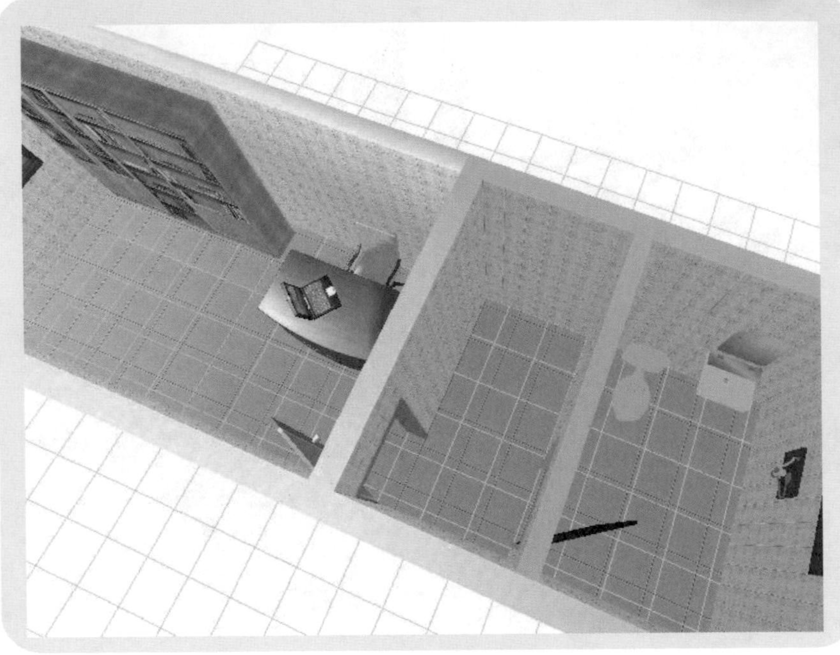

6、書房緊臨廁所

文昌懼廁古有名訓，宜更改書房位置，否則學業受阻，功名無望。

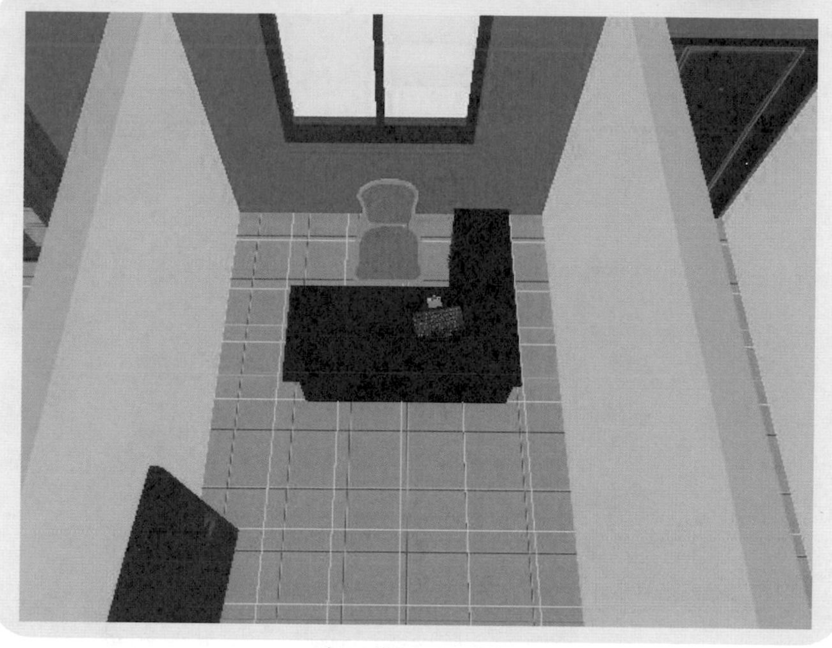

7、書房背後靠窗

背無依，氣不穩，師長緣轉差，課業遲滯，功名需極大努力或可成，宜更改書桌方位。

8、書桌前無明堂

書桌靠壁，出門碰壁前程受阻，功名無望，宜更改書桌方位。此為常見之景宜注意。

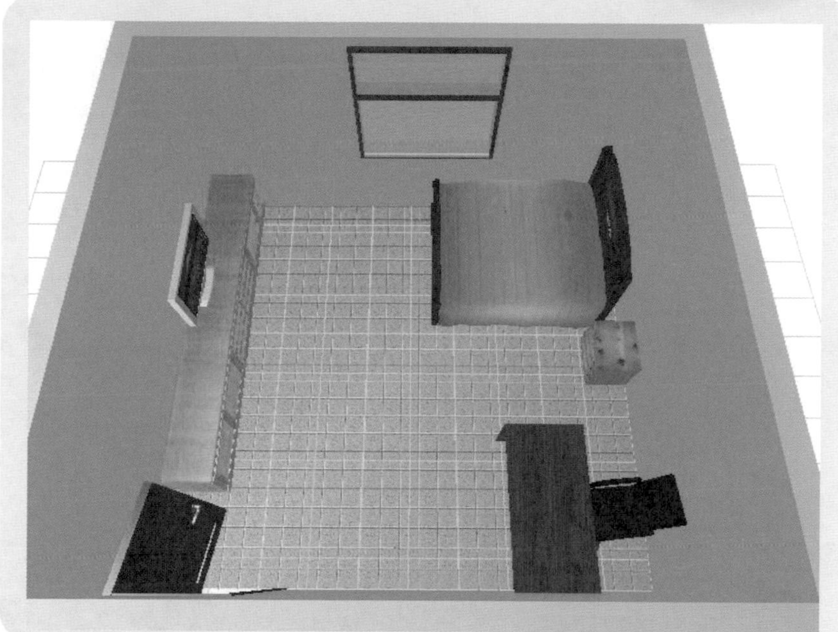

9、書桌置於臥室中

書房若無獨立空間，書桌亦可置於臥室中，但書桌之靠背與床頭櫃同方向最佳，否則須量測臥室中之生氣方設置。

第十五章

廚房擺要

十五—一　廚房通要

1、爐灶主財，廚房應設於陽宅之後半部，爐火忌朝外。

2、切忌在爐台上烘乾衣物，特別是內衣褲。

3、爐灶宜設於生旺方位、天醫方或設於沖煞方，但灶口宜朝向生旺方。

4、廚房必須整潔、乾淨，避免蟲鼠、細菌滋生。

十五—二　廚房宜避免之事項

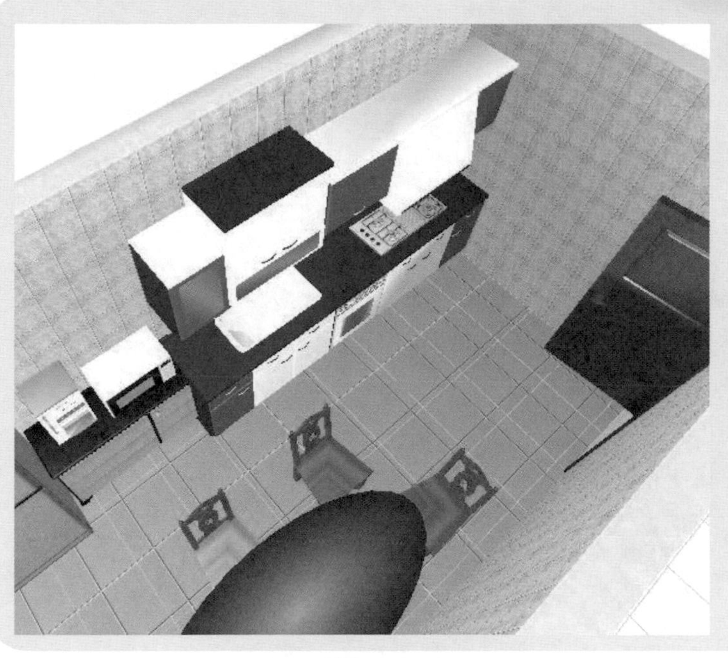

1、入門見廚房

財庫外露易遭破財之苦，更改不易，選擇陽宅時，此一格局宜捨棄。

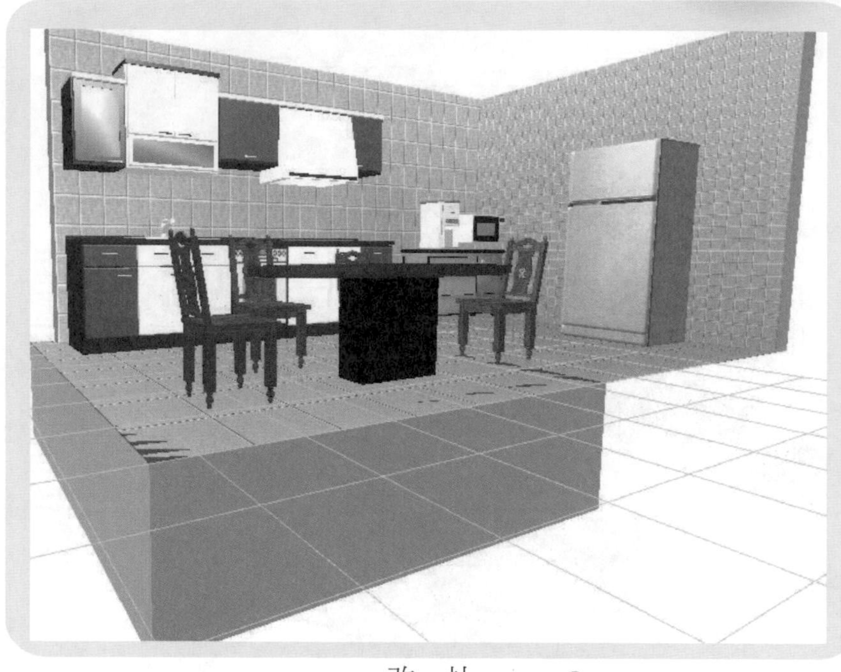

2、化糞池位於瓦斯爐下方

化糞池集所有穢氣之大成，而爐灶居其上易產生疾病，財運不濟，更改甚難，宜避免此格局。

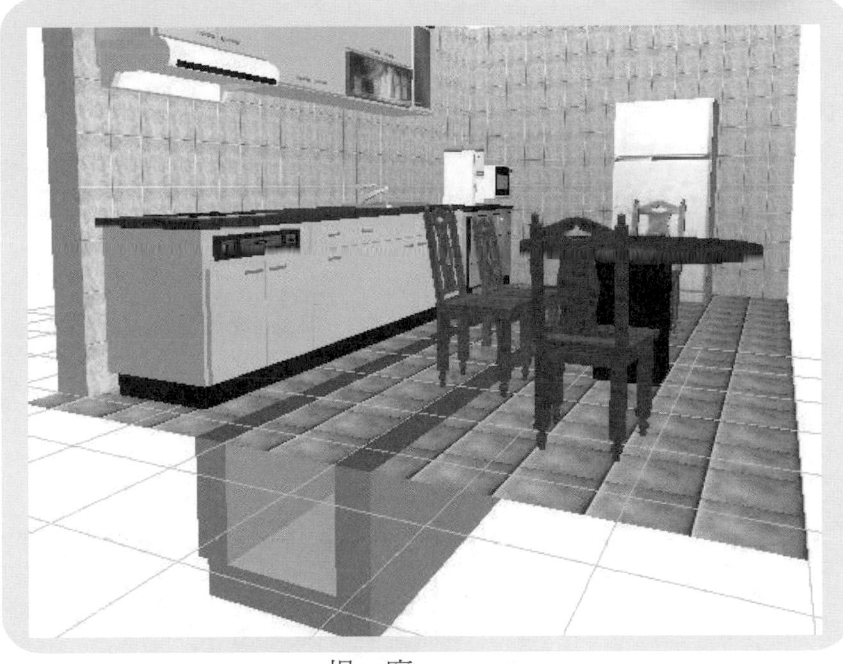

3、水溝位於廚房下面

水溝下細菌、蟲、鼠疾病叢生，廚房在其上易受疾病傳染，且財庫破損錢財難積，破解此局不易宜避免。

4、水龍頭對瓦斯爐

陰陽相對，水火相沖，易形成夫妻感情不睦，調整水龍頭之方位。

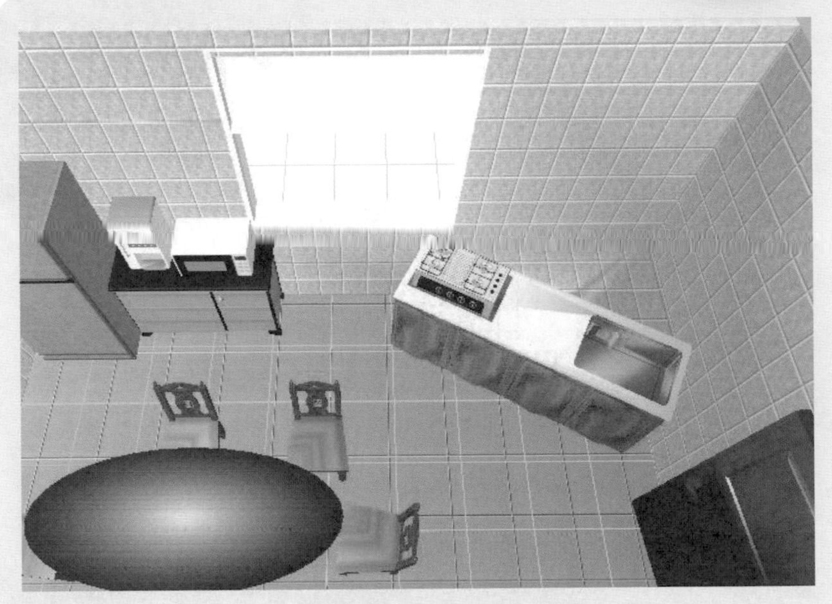

5、瓦斯爐斜擺

沿瓦斯爐形成迴風，爐火甚易熄滅，易生危險，瓦斯爐背必須有靠。

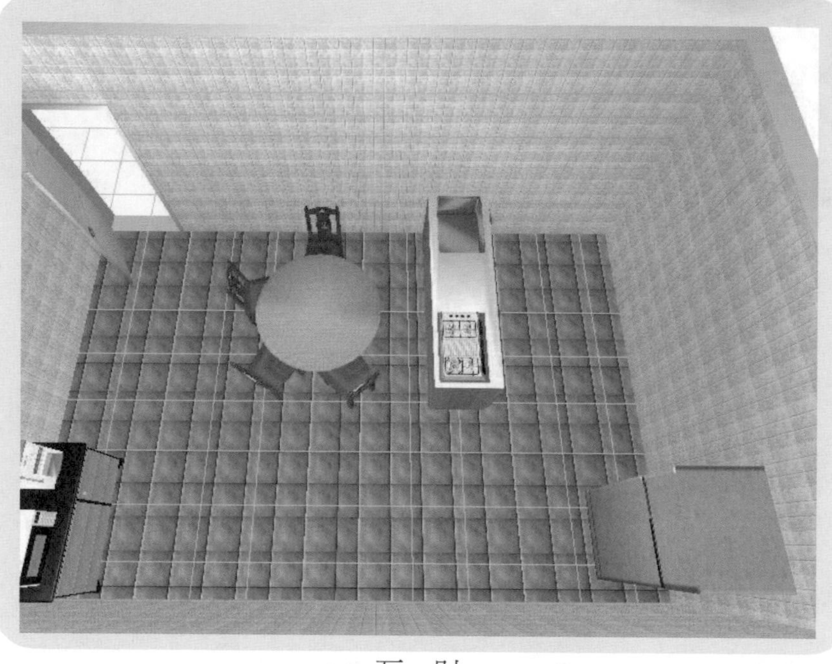

6、瓦斯爐四方無靠

沿瓦斯爐產生迴風，氣場不穩，財庫空虛且爐火易熄滅，產生危險，瓦斯爐必須緊靠牆壁。

7、瓦斯爐位於廁所下方

廁所穢氣、污水容易滴入滲入飯菜之中，產生衛生問題，生疾病，要更改此局甚難，選購陽宅時須注意。

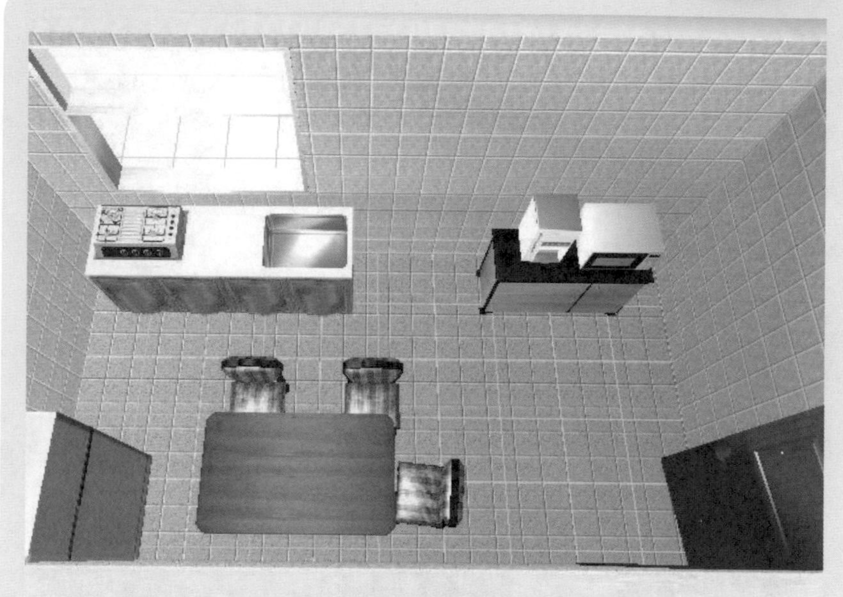

8、瓦斯爐對窗

爐火因受窗外流動之風熄滅，產生危險，而財庫外露破財之局，宜更改瓦斯爐之位置。

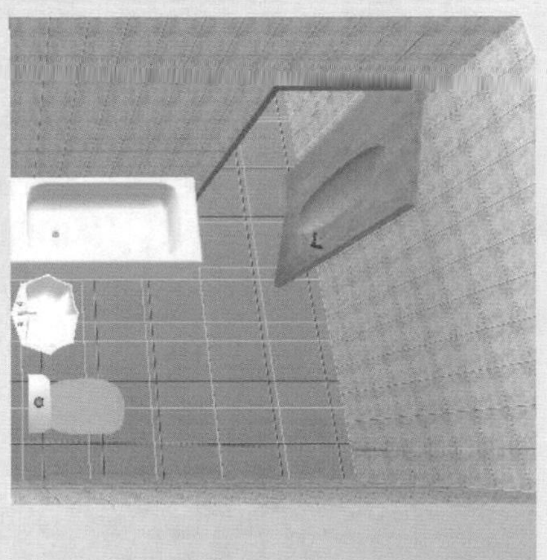

9、瓦斯爐靠廁所牆面

廁所穢氣依牆滲入，衛生堪憂，疾病纏身，宜更改瓦斯爐位置。

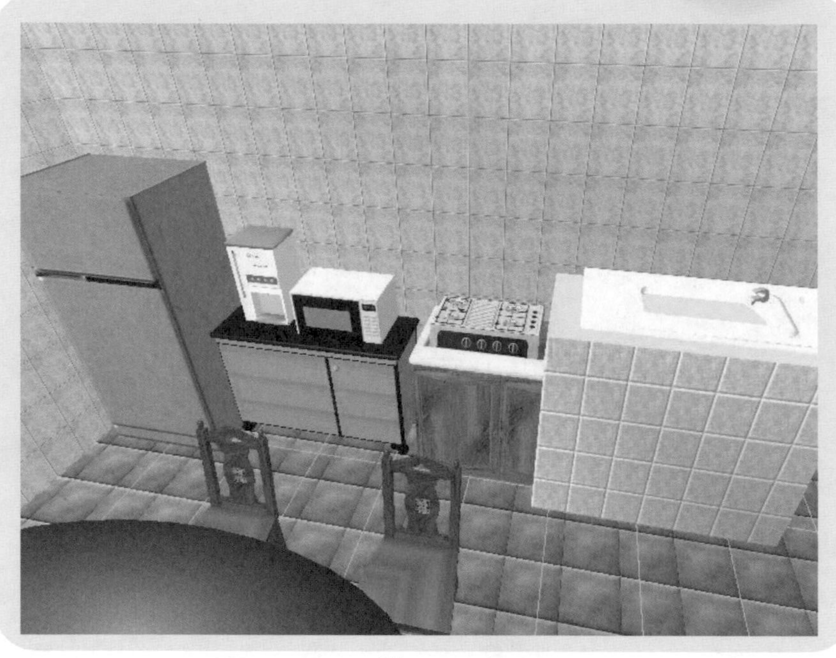

10、瓦斯爐擺設位置低

女主人地位低落，鬱悶心煩，錢財不聚，宜墊高瓦斯爐。

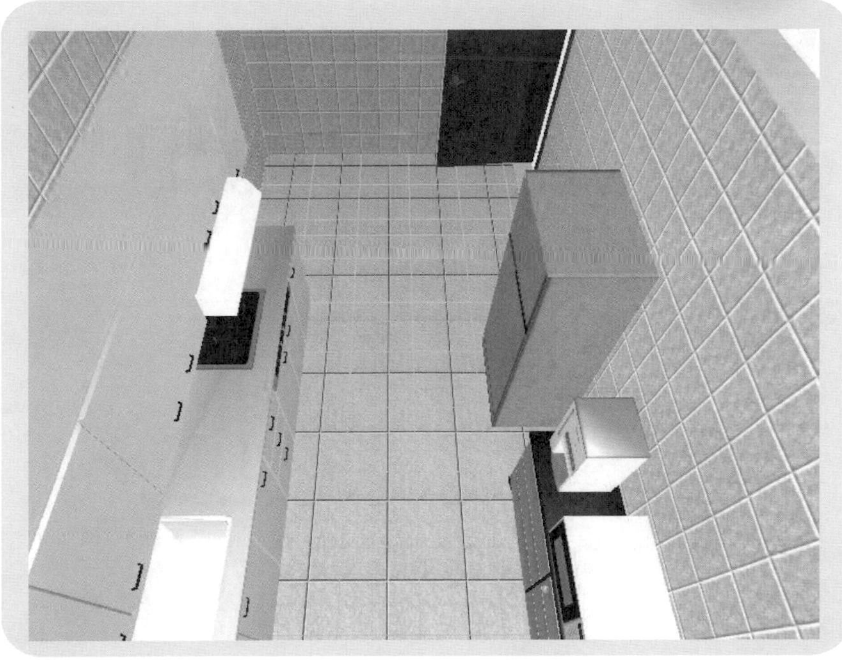

11、冰箱與瓦斯爐相對

水火相沖，陰陽相剋，夫妻不睦，家運不濟，宜更改冰箱位置。

12、房間下面為廚房

若床下位置為爐灶，久居此房人必定脾氣火爆，難以安眠，形成躁鬱症，事業、課業一事無成，宜更改床之位置。

13、門切灶

形成小壁刀煞，易有血光之災，更動爐灶位置可避免。

14、門沖冰

財庫外露，積財不易，宜更改冰箱方位。

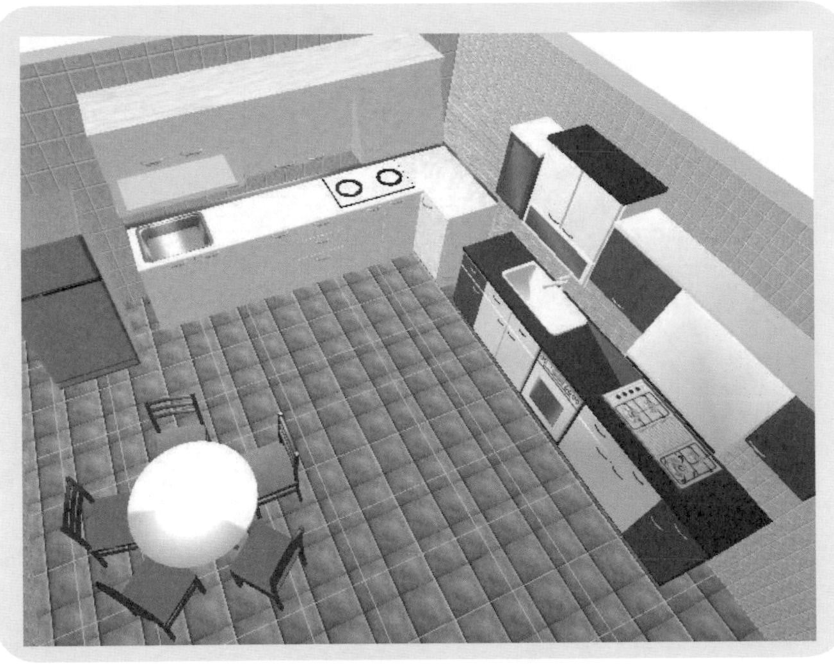

15、家設兩灶

廚房通常為女主人所主宰，家有二灶代表一家有二女主人，一山難容二虎，主夫易有二房或婚外情，感情波折大，宜撤一灶，只留一灶。

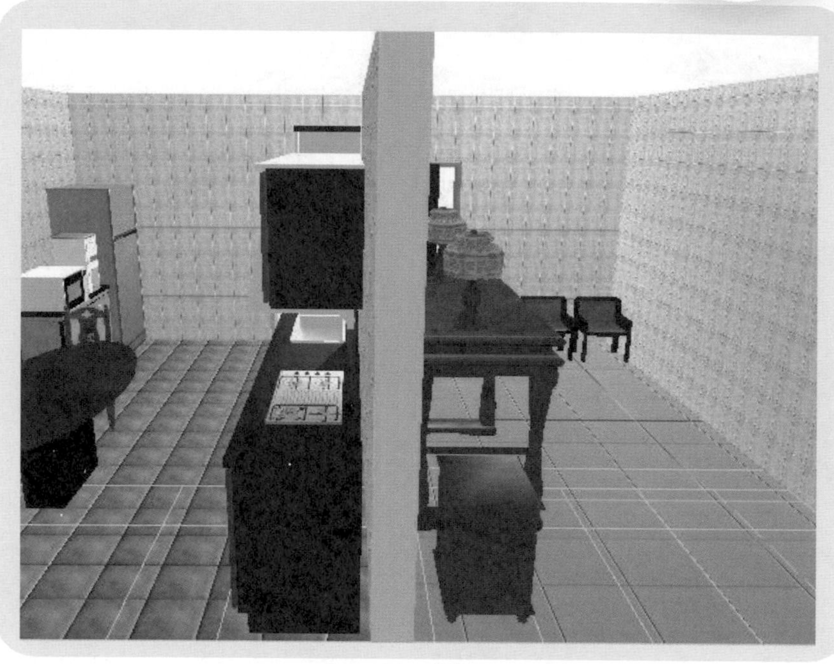

16、神桌後面為爐灶

爐火所生燥熱之氣，影響神明或祖先，全家人心浮氣燥、口舌之爭、怒火攻心，家運衰敗，更改爐灶或神桌位置。

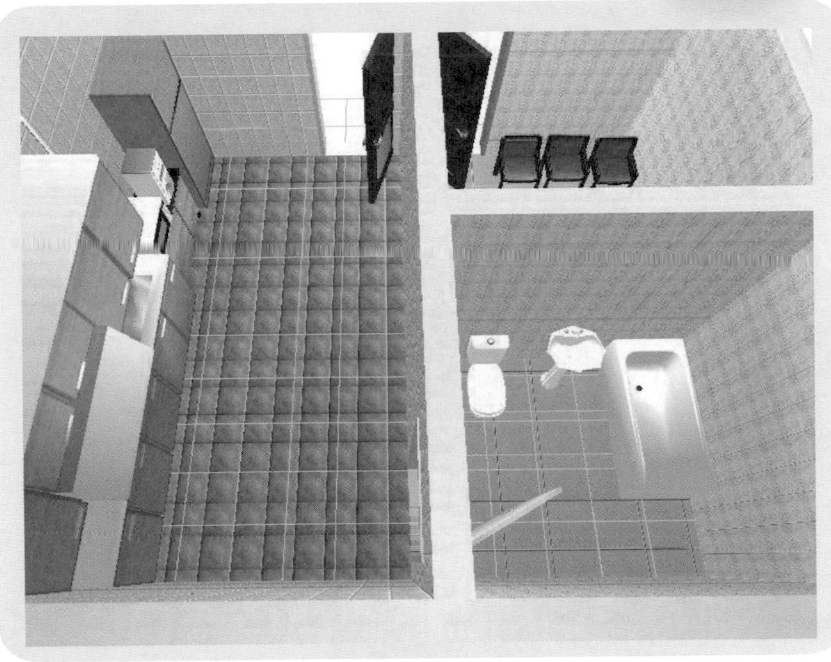

17、廁所門開於廚房內

廁所穢氣與廚房雜氣相交融，產生極大負極能量，疾病纏身、藥不離身、家運衰敗，宜更改廁所門位置。

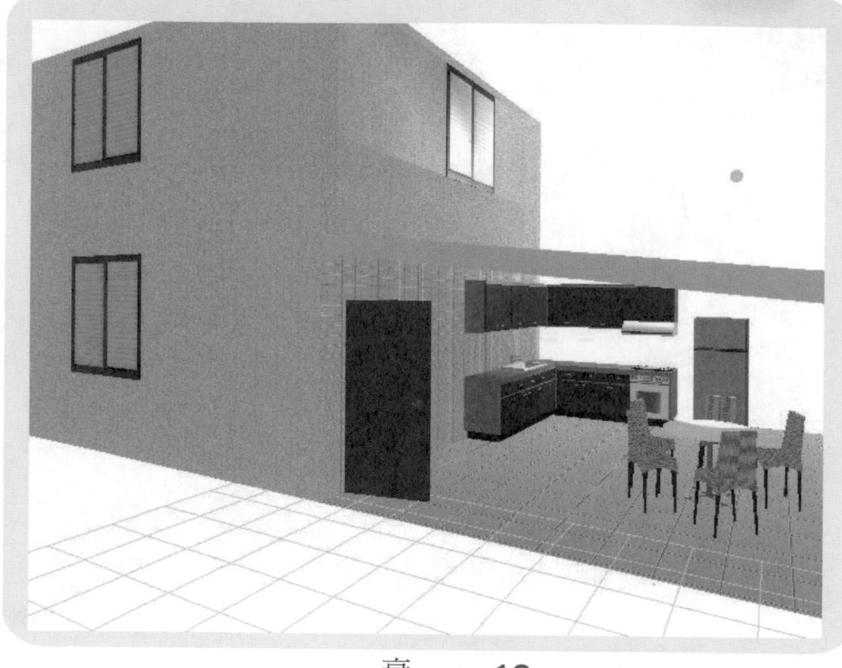

18、增建之廚房

造成前高後低，過頭屋之局，主衰敗，故廚房增建於後宜三思。

19、廚房居中

陽宅中心為太極之心，宜潔靜明亮，不宜雜氣充斥，宜避免廚房居中。

20、廚房門對房門

房中充滿雜氣，疾病纏身，宜更改房門之位置。

21、廚房設於陽台上

陽台下氣場浮動，財庫居其上，錢財不聚，不利家運，宜更改廚房位置。

22、廚房開天窗

廚房穩定氣場，因天窗席捲而受擾動，不利財運，爐火易熄滅產生危險，宜封閉天窗。

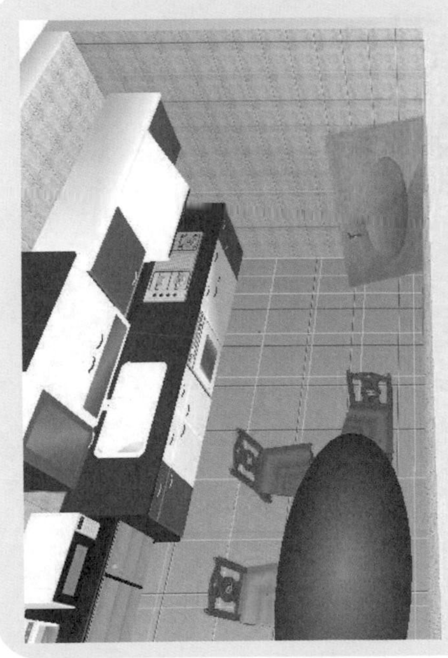

23、樓梯沖瓦斯爐

樓上之煞氣直沖而下，樓梯如鋸，易產生血光之災，故需在樓梯前築一輕牆或屏風阻絕之。

24、樓梯壓爐灶

爐灶居樓梯鋸下，易生血光之災，且樓梯之灰塵、雜物墜落，不利衛生，影響健康，樓梯下宜廁所、儲藏室。

25、梁壓灶

灶主財，財受壓，鬱抑難伸，不利財運，宜梁下築一牆，破解梁壓灶之局。

26、鏡子照爐火

陰陽相剋，夫妻難靖，紛爭難止，宜更改鏡位置。

第十六章

神位摘要

十六—一　神位通要

1、神位必須藏風聚氣，不可設於氣散之處。

2、神位必須安置於客廳，不可置於臥室內。

3、神位後之牆壁，切忌有水管、電管埋設其中。

4、宅內可供奉神明（陽），神明與祖先（陰陽調和），但切忌只供奉祖先（陰）。

5、神位周圍環境必須整齊、清潔。

十六—二　神位必須避免事項

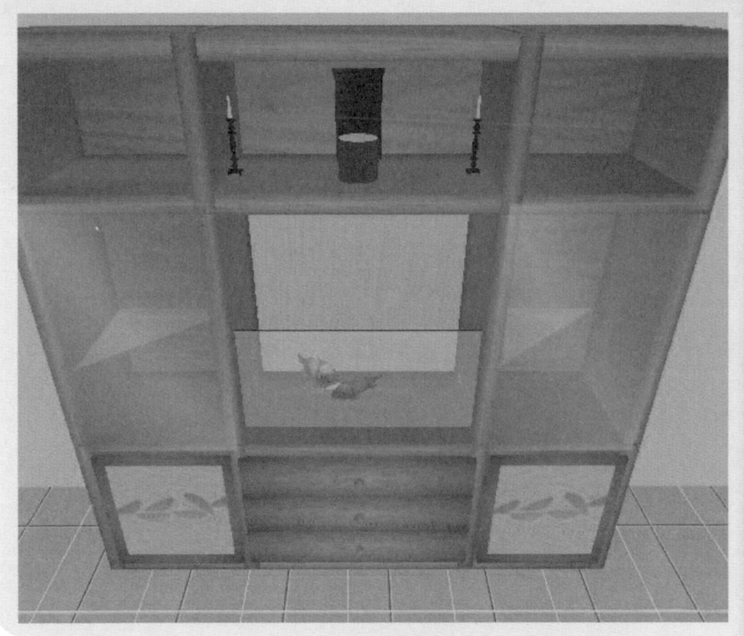

1、神桌下放置魚缸

魚缸水蒸發，造成濕氣且馬達聲紛擾，破壞寧靜、整潔氣場，不利家運，宜拆除魚缸。

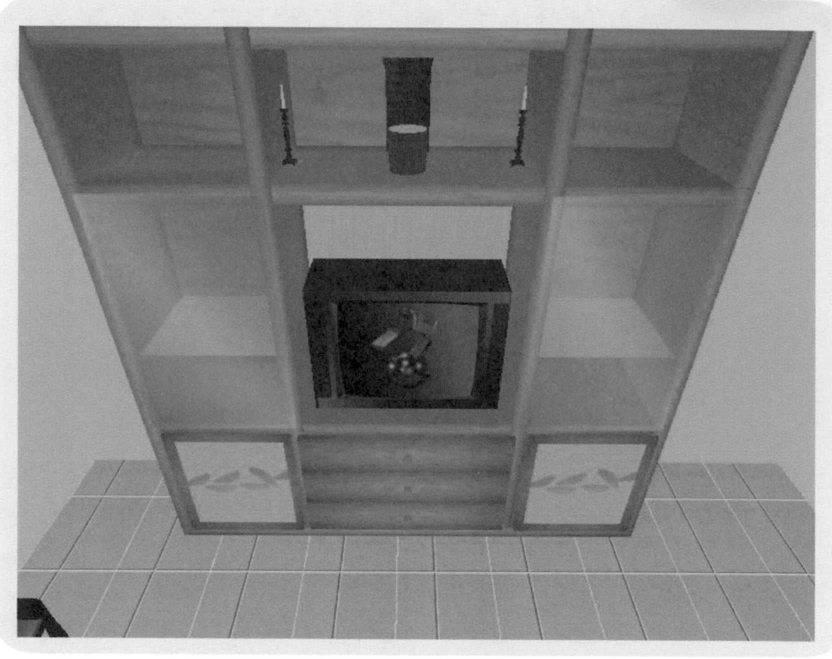

2、神桌下放置電器

電磁波、噪音干擾神佛、祖先難以安寧，後代子孫亦難平靜，災禍連連，宜移除電器設施。

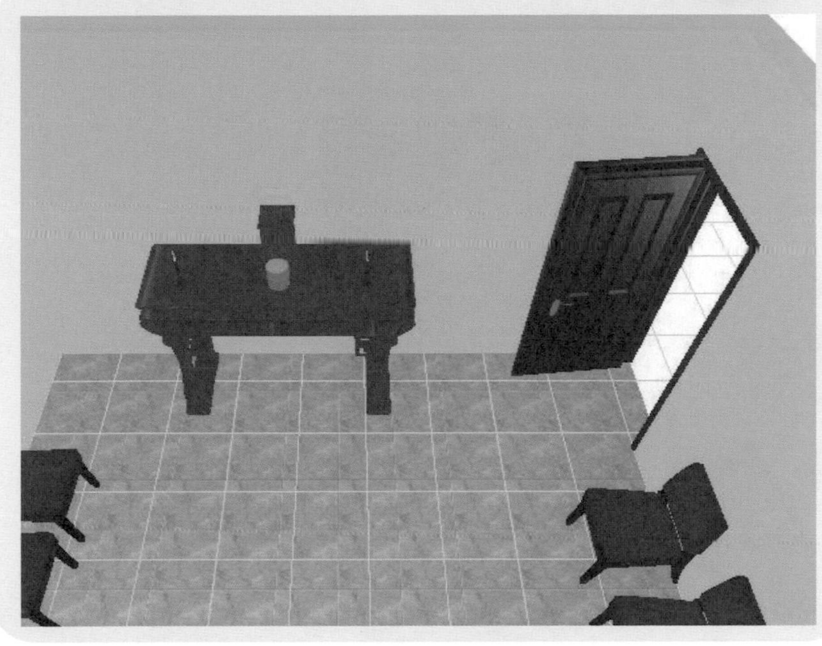

3、神桌沖門

開門氣直沖神位，神靈不穩，影響甚鉅，宜築龍虎牆擋煞。

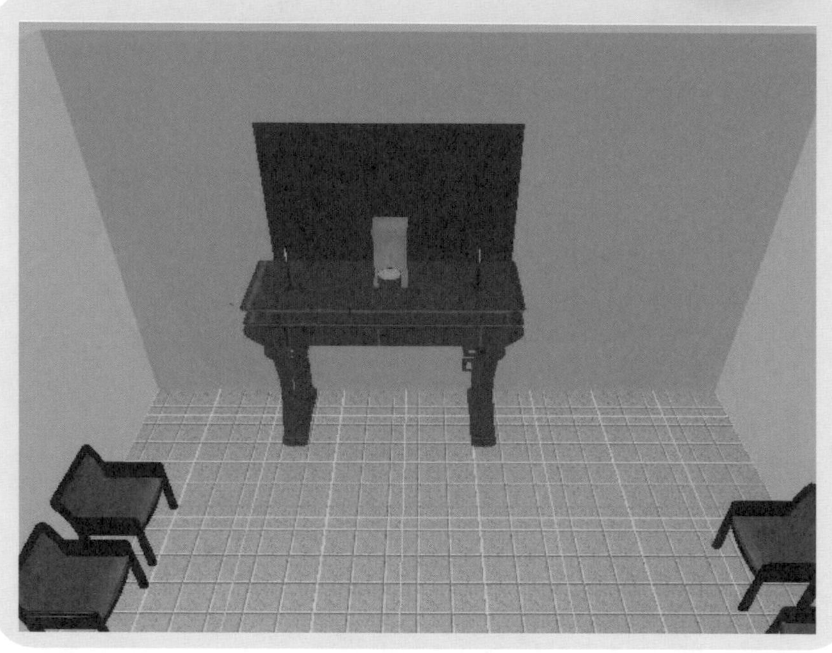

4、神桌龍虎距離要均稱

風水要訣青龍、白虎均稱，虎不欺龍，龍不欺虎，為上局，但若不允，虎可稍大以免逼虎傷人。

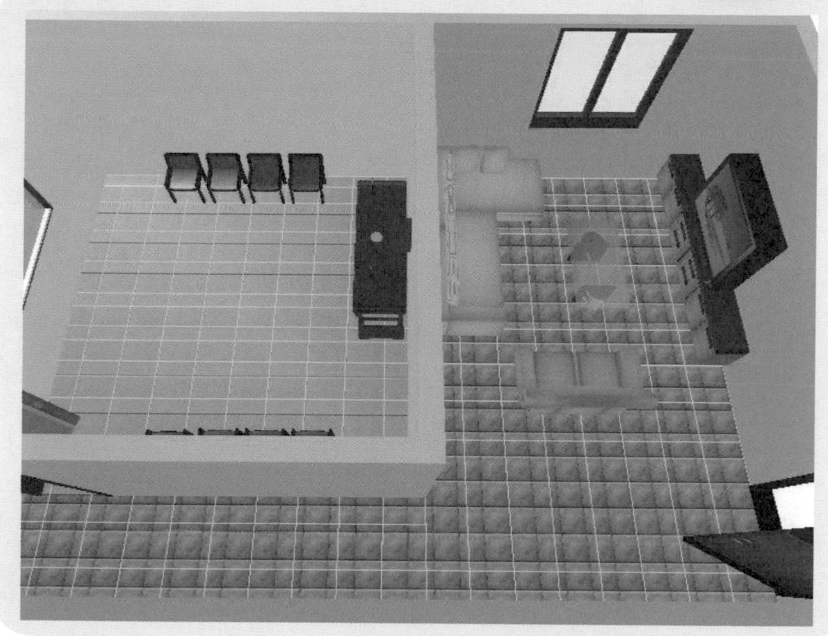

5、神位與宅向反背

人與神意志相背，宅屋之人無法得祖先或神明相助，宜調整神位座向，與宅向同為最佳。

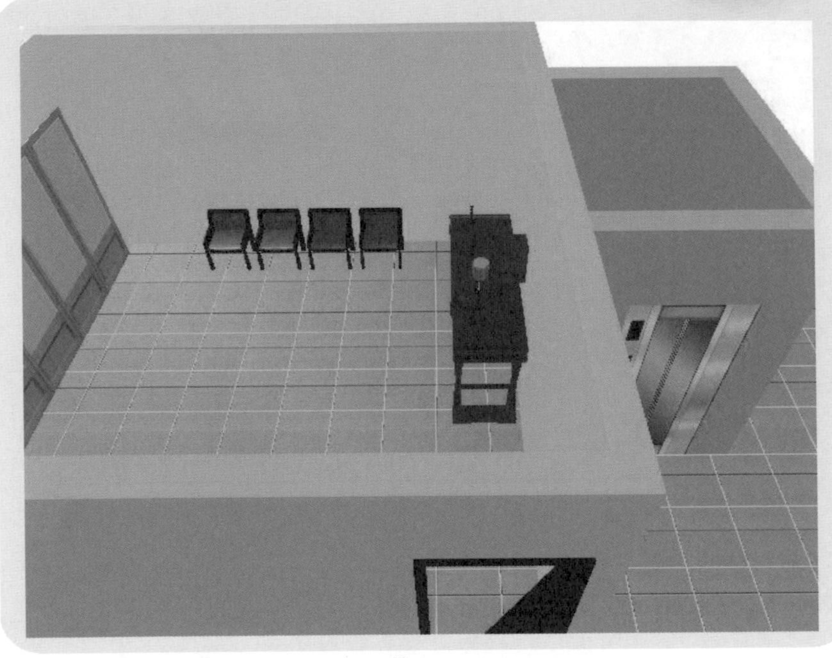

6、神位背後電梯

電梯升降產生電磁波、震動、噪音影響神位藏風聚氣磁場，不利錢財，後代子孫，宜更改神位位置。

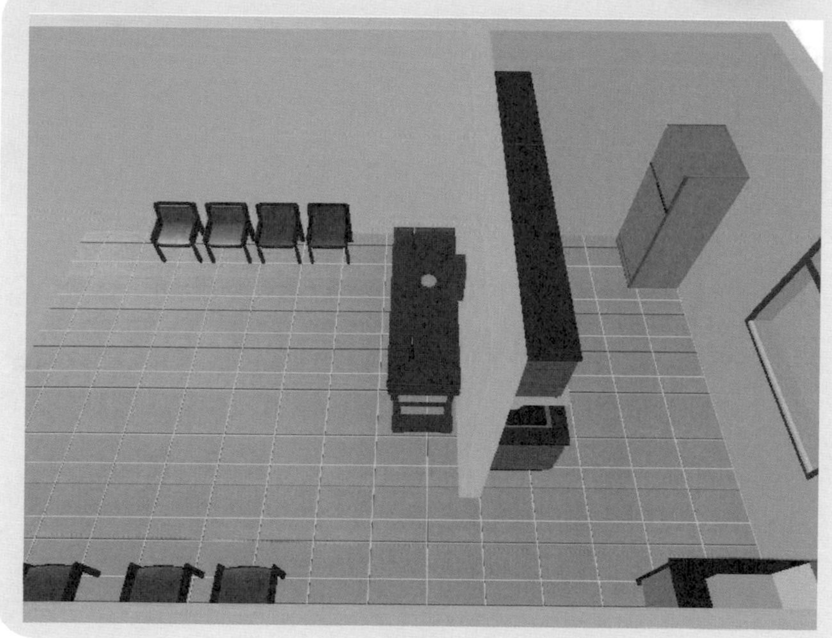

7、神位背後廚房

廚房雜氣負面影響，若爐灶在其後，宅內之人，脾氣火爆、行為衝動、易患躁鬱症，宜更改神位或爐灶之位置。

8、神位背後樓梯

梯同鋸且氣場流動，神位磁場變動，不利家運，宜更改神位座向。

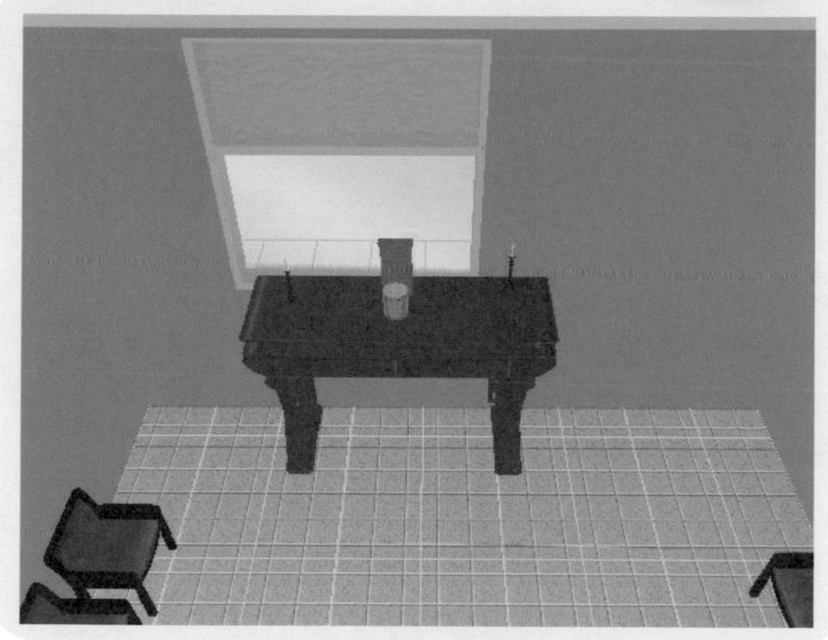

9、神位背後開窗

神位背後無靠，氣場竄動，神靈祖先，難以安寧，故宜更改神位位置。

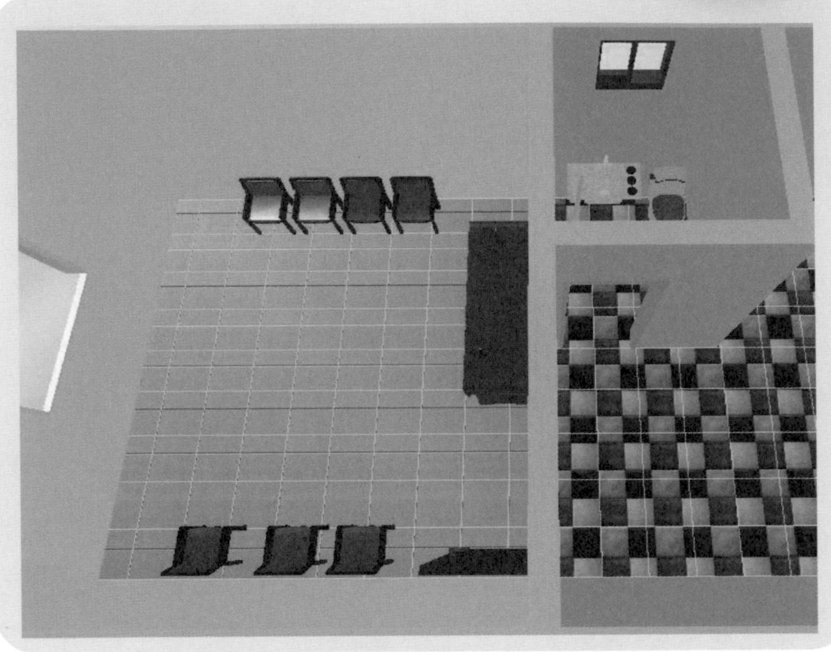

10、神位背後靠廁所

廁所為穢氣、濕氣所集，神位在其後，神靈、祖先難以安寧、清修，邪靈易侵入，未蒙其利反受其害，宜更改神位位置。

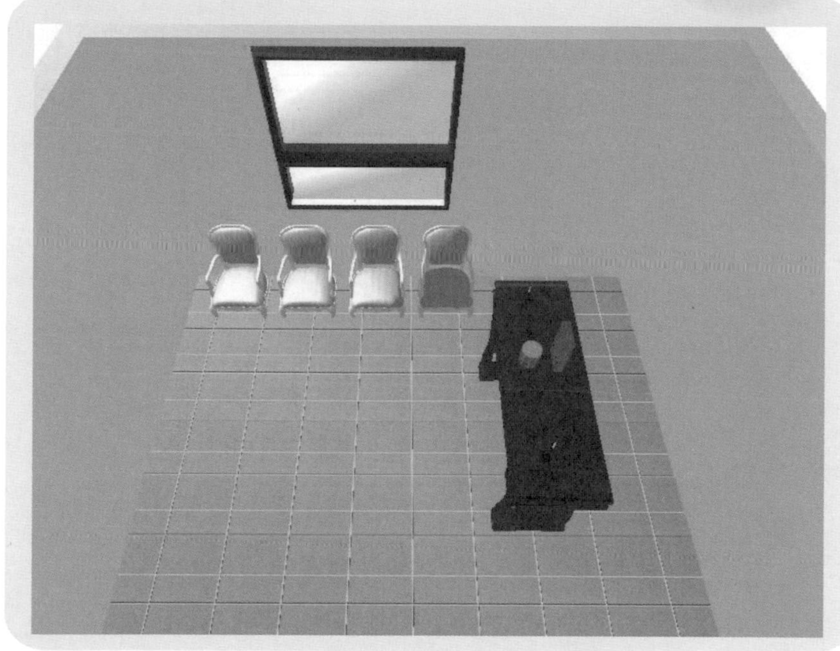

11、神位無靠實牆

神位四周將形成迴風煞，陽宅之人將處於變動之局，對事業、健康均有不利之影響，宜調整神位，使其背有靠。

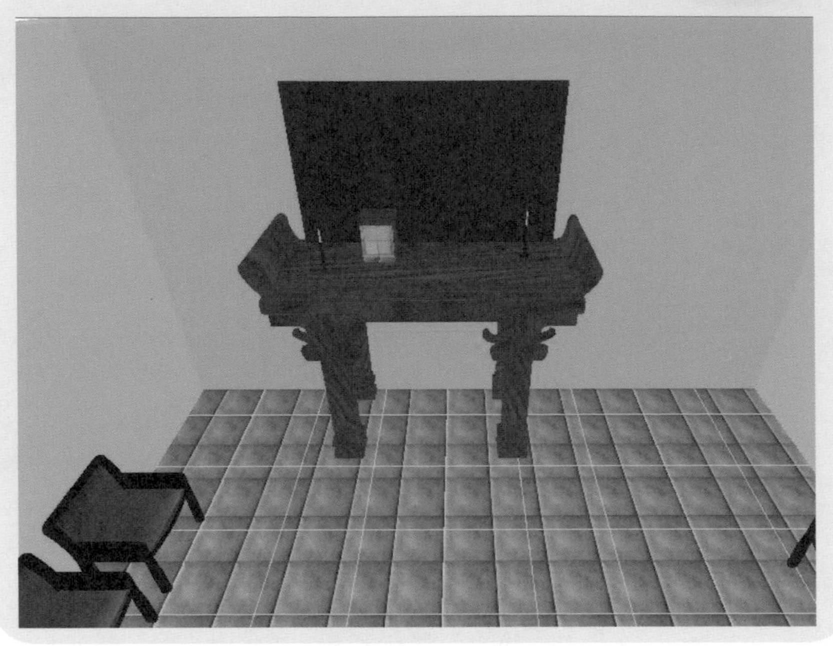

12、無神明，只有祖先牌位

只有陰無陽，陽宅氣場逐漸轉陰，且易產生內神通外鬼之局，宜陰陽並存。

13、梁壓神位

神靈及祖先將有如千擔負重，形成壓迫之局，宜在梁下築牆消除梁壓之態，在安奉神位時宜注意。

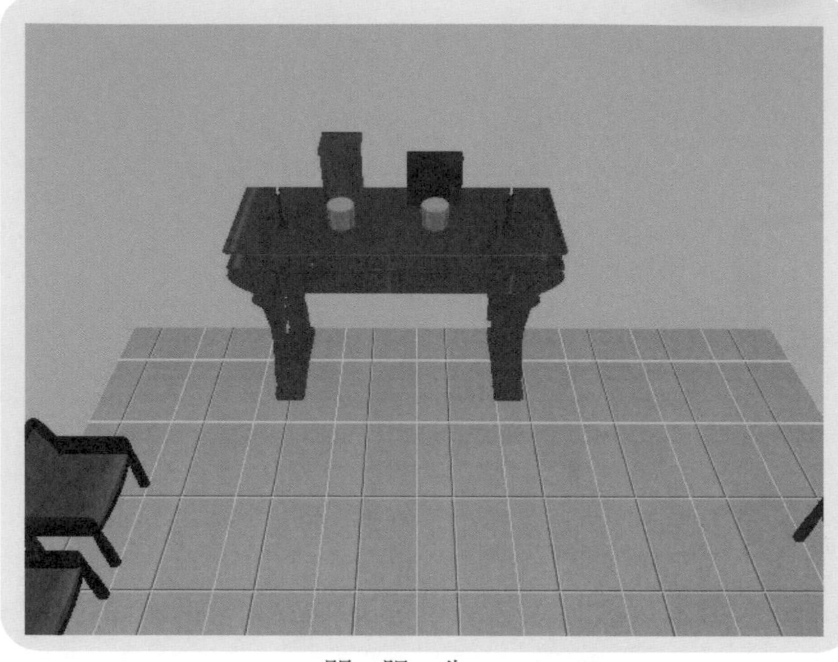

14、雙姓爐位

只陰無陽，陽宅大忌，雙姓祖先搶後代子孫，形成人丁凋零，除陰陽並存外，雙姓爐位之間需以隔版分開，雙爐供奉以取和平相處之局。

第十七章

浴廁

十七一一　浴廁通要

1、文昌位忌浴廁，以免污染文昌秀氣，亦不可設於財位。

2、宅之中央為極位，忌浴廁，亦不可設於鬼門方位。

3、住宅內部設通道，不可在走道末端設浴廁，此為大凶之相。

4、浴廁應設置於宅之凶方位置，化糞池不宜設置於室內。

5、浴廁應保持通風、乾燥、明亮、潔淨。

十七—二　浴廁應避免之情況

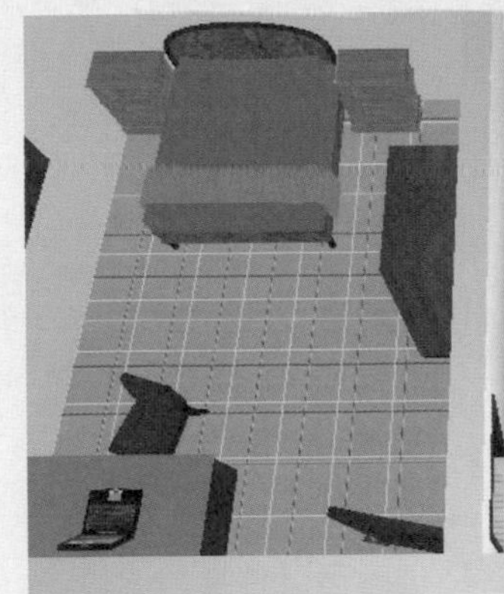

1、廁所門對房門

穢氣、濕氣直沖而入，屋內之人健康受損，宜更改廁所或房門之位置或於廁所門前築一輕牆阻絕之。

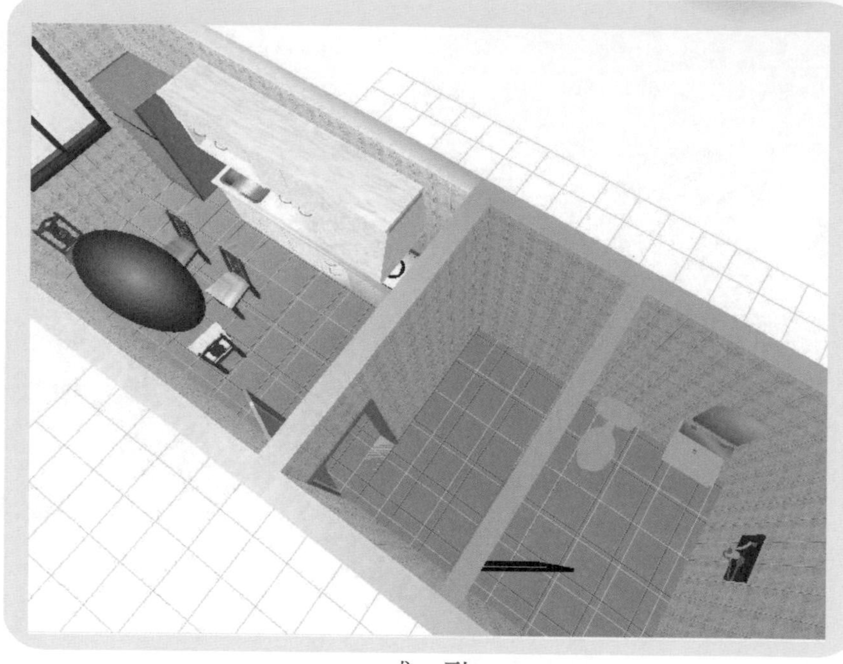

2、廁所對廚房門

廁所與廚房所形成雜氣、穢氣交融，不利財運及健康，宜更改廁所門或房門之位置。

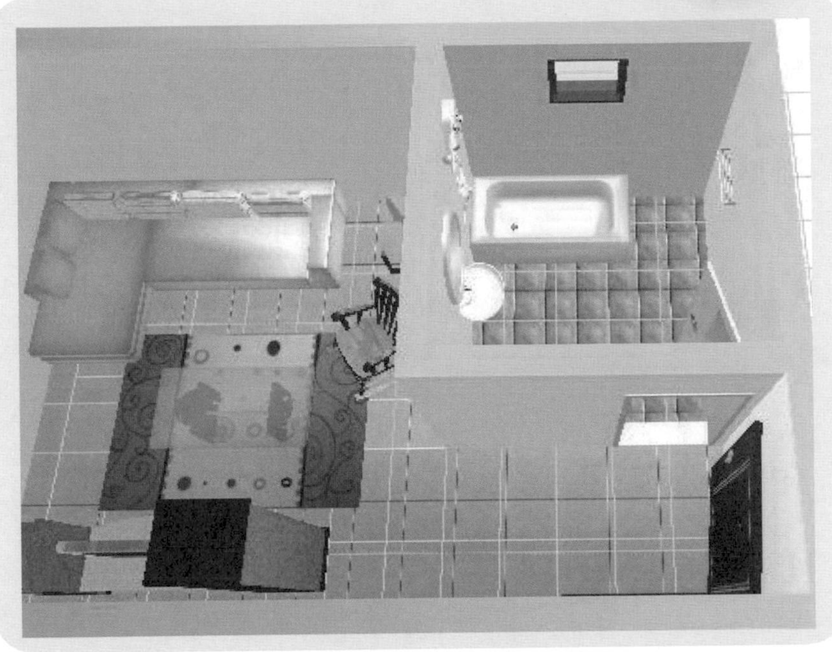

3、入門見廁

廁所集穢氣、濕氣大成，入門見廁，陰陽相剋，陽宅大忌，宜避之，選擇陽宅時宜慎之。

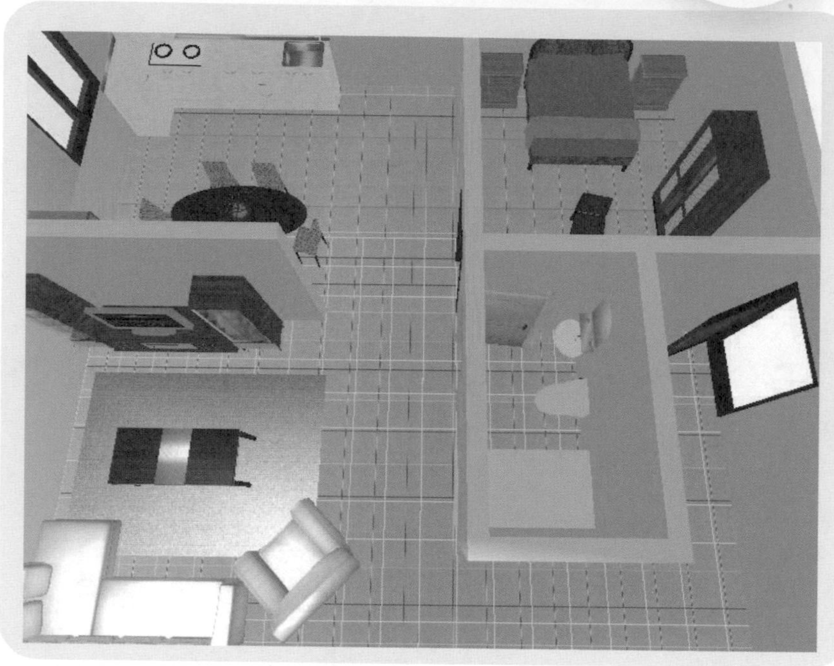

4、浴廁居中

陽宅中心為太極中心宜潔淨、整齊，不宜為廁所、廚房，選擇陽宅宜避此局。

5、廁所門對往下樓梯

穢氣、濕氣沿樓梯而下，影響樓下之氣場，宜用輕牆阻絕。

6、廁所門沖餐廳

餐廳為享受美食之地，宜潔淨、祥和，不宜有雜氣、廢氣影響，宜更改廁所門位置，降低負面能量。

7、床頭靠廁所牆面

穢氣、雜氣穿牆而過易產生腦疾、神經衰弱、睡眠品質不佳，形成憂鬱症，宜更改床之位置。

8、廁所門位於廚房內

廁所所產生五穀輪迴之氣，對健康及財運有不利之影響，宜更改廁所門位置。

9、瓦斯爐位於廁所下方

廁所內污水，滲透樓板而滴入烹煮之食物中，危害身心健康，選擇陽宅時宜注意樓上之格局是否已變動。

10、書房對廁所

書房宜取文明之象，文昌懼廁，有此局科舉不發，功名不晉，宜更改書房之位置。

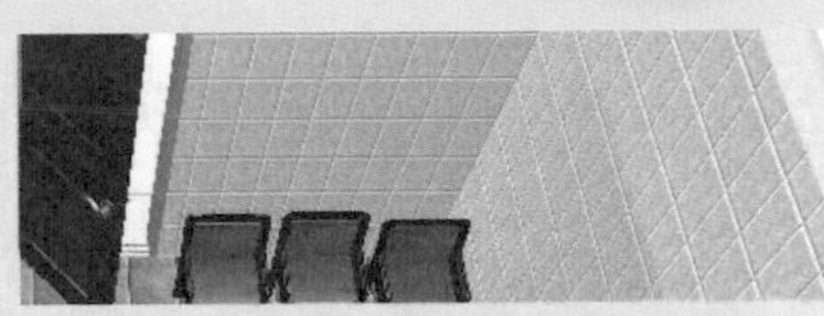

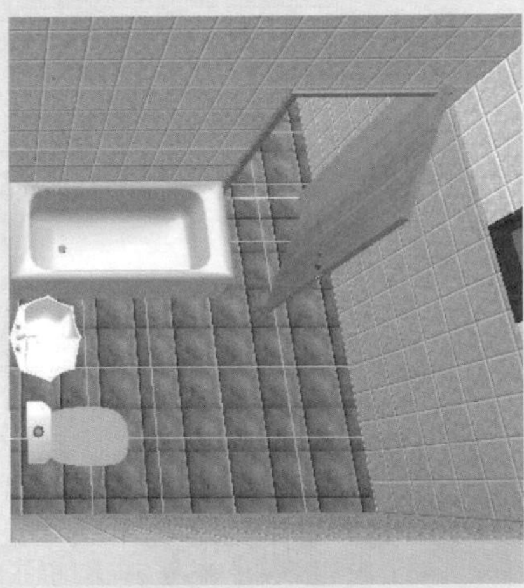

11、瓦斯爐緊靠廁所牆面

灶王神君不居，健康、財運受損，宜更改灶之位置。

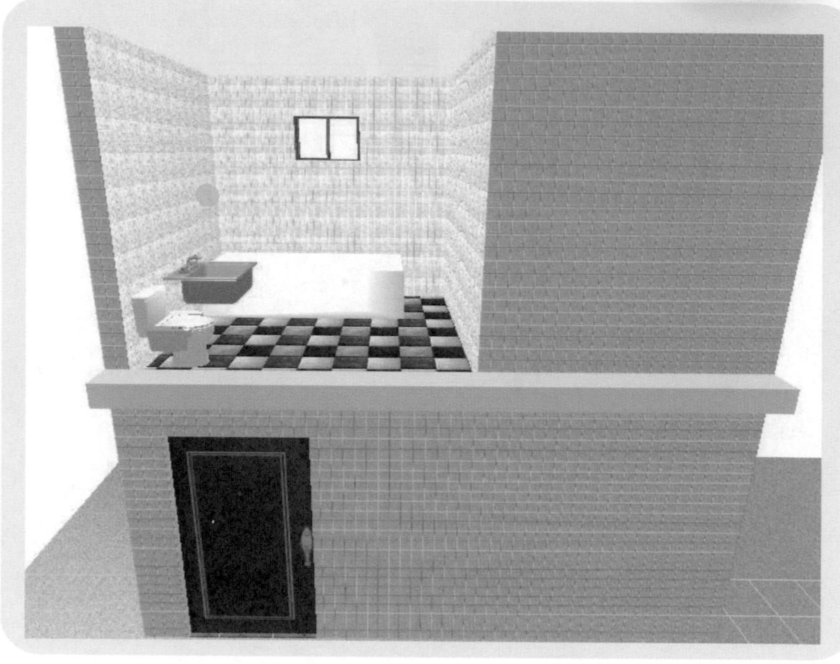

12、廁所壓大門

陽宅大忌，陰陽互剋，污穢之氣並發，家運衰敗，更改門位置方為上策。

13、廁所地板過高

廁內污水溢流而出，形成屋內細菌叢生，不利健康，宜降低廁內地板高度。

14、廁所門過多

污穢之氣四溢，迴風煞形成，衰敗之象，只需一門，餘門皆需封閉。

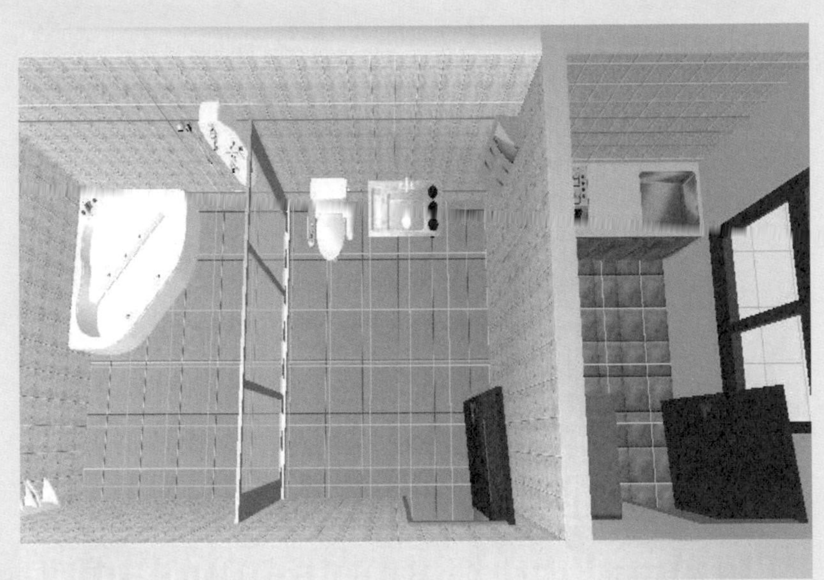

15、廁所大於廚房

廚主財宜大，廁主穢宜小，規劃設計時宜注意，選擇陽宅時宜慎。

16、廁所位於房間上方

廁內污水滲透樓板，造成裝璜破壞，細菌叢生或滴落床上形成困擾，廁所防水措施宜注意，更改床位亦可選擇。

參考文獻

（1）吳彰裕《開運陽宅》（台北：時報出版社，2005）。
（2）黃友輔《陽宅開運好人生》（台北：春光出版社，2005）。
（3）吳彰裕《居家風水樣樣通》（台北：時報出版社，2007）。
（4）陳冠宇《陽宅聖經1、2、3》（台北：敬業知識公司，1999）。
（5）顧吾蘆《八宅明鏡》（台北：大正書局，2005）。
（6）謝沅瑾《居家風水教科書進階版外煞篇》（台北：柏室科藝，2005）。
（7）謝沅瑾《居家風水教科書》（台北：柏室科藝，2005）。
（8）李子源《富貴陽宅》（台北：益群書店，2003）。
（9）唐卜應天則：巍甫著《雪心賦》（台北：妙吉祥園易學研究中心，2006）。
（10）唐完庚先生編輯《一貫堪輿》（台北：妙吉祥園易學研究中心，2006）。
（11）巫金海《八宅理論實務》（台北：妙吉祥園易學研究中心，2005）。
（12）李子源《八宅配遊年卦》（台北：中國風水地理專研中心，2004）。
（13）李子源《河圖之根源，八卦取向，五行等》（台北：中國風水地理專研中心，2004）。

國家圖書館出版品預行編目資料

營建博士教你活用陽宅風水／侯威銘著.
－－第一版－－臺北市：知青頻道出版；
紅螞蟻圖書發行，2010.12
面　；　公分－－(Easy Quick；108)
ISBN 978-986-6276-48-4（平裝）

1.相宅

294.1　　99024232

Easy Quick 108
營建博士教你活用陽宅風水
作　　者／侯威銘
美術構成／Chris' office
校　　對／楊安妮、周英嬌、侯威銘
發 行 人／賴秀珍
總 編 輯／何南輝
出　　版／知青頻道出版有限公司
發　　行／紅螞蟻圖書有限公司
地　　址／台北市內湖區舊宗路二段121巷19號（紅螞蟻資訊大樓）
網　　站／www.e-redant.com
郵撥帳號／1604621-1　紅螞蟻圖書有限公司
電　　話／(02)2795-3656（代表號）
傳　　真／(02)2795-4100
登 記 證／局版北市業字第796號
法律顧問／許晏賓律師
印 刷 廠／卡樂彩色製版印刷有限公司
出版日期／2010年12月　第一版第一刷
　　　　　2013年11月　第一版第二刷

定價 360 元　　港幣 120 元

ISBN　978-986-6276-48-4　　Printed in Taiwan